Manni Breuckmann

»Manni Bananenflanke, ich Kopf – Tor!«

Legendäre Szenen des deutschen Fußballs

WESTEND

Mehr über unsere Autoren und Bücher: www.westendverlag.de

Die Deutsche Bibliothek verzeichnet diese Publikation in der Deutschen Nationalbibliografie. Detaillierte bibliografische Daten sind im Internet über http://dnb.ddb.de abrufbar.

2. Auflage 2021
ISBN 978–3-86489–060-4
© Westend Verlag Frankfurt/Main 2021
Überarbeitete und erweiterte Neuauflage des Buches »50 legendäre Szenen des Deutschen Fußballs« von 2010
Umschlaggestaltung: Buchgut, Berlin
Copyright der Fotos im Innenteil: Jürgen Croy (Seite 197), Eintracht Frankfurt/Jan Hübner (Seite 218), dpa (Seite 150 und 252), alle anderen Wilfried Witters Sport-Presse-Fotos GmbH
Satz: Publikations Atelier, Dreieich
Druck und Bindung: CPI – Clausen & Bosse, Leck
Printed in Germany

Inhalt

Der Autor möchte vorher noch was sagen

Auf dem Buchmarkt gibt es verschiedene Möglichkeiten, um Prügel zu bitten: beispielsweise durch Bücher, in denen Frauen schlecht wegkommen; oder durch Kampfschriften gegen die terroristische Diktatur quengelnder und brüllender Kinder. Es könnte ja auch mal einer eine umfangreiche und lustvolle Abhandlung über den wertvollen Beitrag des Rauchens zur kulturellen Entwicklung Europas schreiben. Auch das wäre so etwas wie eine Aufforderung zur öffentlichen Bestrafung.

Das Werk, das Sie jetzt in Händen halten, ist da harmloser: Einerseits geht es um Fußball, der für mich zwar wichtig, letztlich aber immer noch eine Nebensache ist. Daran wird sich nichts mehr ändern, da können meinetwegen Tausende und Abertausende die Liebe zu einem Fußballverein zum Wichtigsten in ihrem Leben deklarieren. Ich finde, da gibt es wesentlich wichtigere Dinge. Trotzdem wird bei der Konzeption dieses Buches das Tor für Kritik weit geöffnet. Denn wir mussten eine Auswahl treffen, und da fällt nun mal das nicht Ausgewählte hinten runter. Eine kleine, zu allem entschlossene Jury, bestehend aus Markus J. Karsten und Rüdiger Grünhagen vom Westend Verlag und mir, hat es sich angemaßt, die Wichtigkeit und Unvergesslichkeit von Fußballszenen zu bewerten. Wir haben die Dreistigkeit besessen, aus Hunderten von spektakulären Spielen und Situationen die auszuwählen, die sich besonders heftig in unserer Erinnerung eingenistet haben. Ein sehr subjektiver Prozess, eine echte oder vermeintliche Premium-Selection, die darauf angelegt ist, hochemotionale Kritik auszulösen.

Warum steht so wenig über Fortuna Düsseldorf drin? Warum wird die gigantische Meisterschaft von Eintracht Braunschweig 1967 nicht gewürdigt? Warum hat Eintracht Frankfurts Europapokalfinale gegen Real Madrid 1960 kein eigenes Kapitel? Und was ist mit Weinheims Pokalsensation von 1990 gegen die großen Bayern? Jaja, alle Kritiker haben Recht, wir sinken schuldbewusst in den Staub und küssen Füße. Aber wir sind uns ganz sicher, dass die allermeisten der ausgewählten Spiele und Szenen tatsächlich bei den Fußballfans unvergessen sind. Weil verrückte, spektakuläre Dinge passiert sind, weil der Ausgang sensationell war, weil die Spannung kaum auszuhalten war. Diese Mosaiksteine in der Geschichte des deutschen Fußballs noch mal zu beleuchten, sie von den Protagonisten schildern zu lassen und das dann mit analytischen, frechen und witzigen Kommentaren zu versehen, hat uns allen einen Heidenspaß gemacht. Und deshalb sind wir uns auch sicher, dass Sie das Buch mit Gewinn lesen werden. In diesem Sinne viel Spaß und schöne Erinnerungen!

Herzlichst
Ihr Manni Breuckmann

Michael Kutzop

Ein Pfosten zwischen Werder und der Meisterschale

*Weserstadion Bremen, 22. April 1986: Werder Bremen spielt
gegen Bayern München und kann sich durch einen Sieg
am vorletzten Spieltag vorzeitig die Meisterschaft holen.
Zwei Minuten vor Schluss gibt es einen Elfmeter für Werder.
Michael Kutzop vergibt die Riesenchance und setzt den Ball
an den rechten Pfosten. Der ansonsten sichere Elfmeterschütze
erinnert sich:*

» Nach dem Elfer muss es im Weserstadion ganz still gewesen
sein. Das habe ich aber nicht so richtig mitgekriegt, ich lief
wie in Trance im Mittelfeld rum, hinterher haben sie mich
durch einen Seitenausgang nach Hause gebracht. Der Sekt
für die Meisterschaft stand schon bereit, und ich hab's ver-
masselt!

Es war ein Handelfmeter, Sören Lerby sprang der Ball angeblich im Strafraum an die Hand. Ich will es mal so sagen:
Keiner hätte es Schiedsrichter Volker Roth übel nehmen können, wenn er nicht gepfiffen hätte.

Die 88. Spielminute lief, mach ich das Ding rein, ist Werder
Deutscher Meister. Und dann verzögerte sich alles, weil der
Bayern-Co-Trainer Egon Cordes wutentbrannt den Ball weg-
geschlagen hatte. Damals gab es noch keine Ersatzbälle; es
dauerte zwölf Minuten, bis der Spielball auf dem Elfmeter-
punkt lag. Genug Zeit für die Bayern-Spieler, mir ›Freundlich-
keiten‹ zuzuflüstern und mich mit Schubsern zu traktieren.
Die Konzentration war dahin. Trotzdem habe ich es richtig

gemacht: Erst mal warten, bis Jean-Marie Pfaff sich in eine Ecke wirft, dann die andere anvisieren und losballern. Aber der Ball ging an den rechten Pfosten! Ich höre ihn heute noch dagegenklatschen. Aus der Traum!

Wir hätten es vier Tage später trotzdem packen können: Ein Punkt beim Auswärtsspiel in Stuttgart, und wir hätten die Schale gehabt. Aber der Elfer-Genickschlag hat unsere Moral gebrochen, dagegen konnte selbst der Motivationsweltmeister Otto Rehhagel nichts ausrichten. Stuttgart gewann gegen uns mit 2:1, zweimal Allgöwer, und die Bayern fegten Gladbach mit 6:0 weg.

Ich habe vom Trainer, von den Mitspielern und von allen anderen im Verein keinen ernsthaften Vorwurf gehört. Nur Johnny Otten hat später mal im Spaß gesagt, ich hätte ihn um ein Einfamilienhaus gebracht. Es passte gut, dass wir nach der Saison mit der Mannschaft eine Weltreise machten, da haben sie mich wieder aus dem seelischen Tal geholt. Otto Rehhagel

Bremer Fassungslosigkeit und Münchner Jubel nach dem Fehlschuss von Kutzop

sagte: ›Da oben gibt es den Fußballgott, und der wird dir das wieder zurückgeben, was du an dem Dienstagabend verloren hast.‹ Tatsächlich sind wir ja zwei Jahre später doch noch Meister geworden; Völler, Pezzey und Möhlmann waren aber nicht mehr dabei.

Ich habe auch weiter die Freistöße und Elfer geschossen. Über vierzig Elfmeter sind es in meiner Karriere gewesen, nur zweimal habe ich gepatzt: einmal in der Zweiten Liga gegen Solingen und dann dieses blöde Ding gegen Bayern München. «

Alles Bayerndusel, oder was?
———————————— *Mannis Kommentar*

Bei meinem Abschied vom WDR-Mikrofon erreichten mich zahllose hymnische Lobpreisungen, in denen meine Dynamik, meine präzise Spielschilderung, meine Originalität und meine sonore Stimme auf gottgleiche Höhe gehoben wurden. Immer wenn ich beginnen wollte, mich für das Zentrum der Medienwelt zu halten, griff ich – als Gegentherapie sozusagen – zu den Briefen, die mich als mieses Bayernhasser-Schwein brandmarkten.

»Jetzt wirst du nie wieder die Möglichkeit haben, den erfolgreichsten deutschen Club mit deinen widerlichen Tiraden zu besudeln«, schrieb einer. Widerliche Tiraden? Besudeln? Auf Ehre und Gewissen: habe ich nie gemacht! Als Objekt pseudoreligiöser Verehrung scheiden die Bayern für mich allerdings schon deswegen aus, weil ich aus dem Ruhrpott und nicht aus dem Süden stamme. »Support your local team«, sagen die Engländer, und zwar mit Recht, wie ich finde. Denn die Unterstützung eines Fußballclubs hat auch etwas mit Heimat und Identität zu tun. Aber für meine Reportagen war es ohnehin nicht relevant, welchem Club ich anhänge. Oder welchen ich nicht mag. Denn zur professionellen Leistung am Mikrofon gehört auch Neutralität. Und der habe ich mich verpflichtet gefühlt.

Die großen sportlichen Leistungen des Rekordmeisters habe ich immer in den höchsten Tönen gelobt – dabei aber gleichzeitig die arrogante Überheblichkeit der Bayern scharf gebrandmarkt. Nie habe ich mich dazu hinreißen lassen, den »Bayern-Dusel« als eine der Ursachen für die vielen Erfolge ins Schaufenster zu stellen. Weil's nicht stimmt! Wenn Michael Kutzop oder sonst ein gegnerischer Elfmeterschütze den Strafstoß vergeigt, was hat das mit Glück zu tun?

Vielleicht ist es ja nur die Konsequenz aus dem selbstbewussten »Mir-san-mir«-Auftreten der Bayern? Sie signalisieren dem Schützen mit einem lockeren Spruch oder per Körpersprache: »Gegen uns wird das nix mit deinem Elfer!« Die Wirkung auf den Gegner nennen nicht nur Bielefelder den Dr.-Oetker-Effekt: Er erzeugt Pudding in den Beinen.

Und wenn die Bayern in den letzten Minuten die entscheidenden Tore schießen, dann deshalb, weil sie einfach weitermachen. Du hast sie erst im Sack, wenn der Schiedsrichter abpfeift, keine einzige Sekunde eher.

Das isses, und sonst nix. Die magische Wirkung lässt aber sehr schnell nach, wenn die Bayern Verwundbarkeit zeigen. Dann bleiben die Puddingbeine beim Gegner mal gerne aus. Übernatürlich ist das alles nicht. Den parteiischen Fußballgott, der das Glück über die frommen Bayern ausschüttet, den lassen wir lieber mal in der Sakristei mit den Vorurteilen.

Hans-Joachim Osmers

Helmer und das Phantomtor von München

Am 23. April 1994 standen sich Nürnberg und Bayern München am drittletzten Spieltag gegenüber. In der 26. Minute bekam Thomas Helmer den Ball vor die Füße, schob ihn aber knapp am linken Pfosten vorbei. Zur Verwunderung aller entschieden Linienrichter Jablonski und Schiedsrichter Hans-Joachim Osmers jedoch auf Tor für die Bayern – und die gewannen das Spiel dann letztlich auch mit 2:1. Osmers äußert sich zu seiner Entscheidung.

» Es gab einen Eckball für die Münchner, der Ball flog Richtung lange Ecke, ein Bayern-Spieler veränderte per Kopf noch etwas die Flugrichtung, und dann landete die Kugel einen halben Meter vor der Torlinie vor den Füßen von Thomas Helmer. Und der bugsierte ihn dann mit der linken Wade, wie man später auf den Fernsehbildern sehen konnte, etwa dreißig Zentimeter neben das Tor. Das habe ich aber nicht wahrgenommen, ich sah nur, wie mein Assistent mit der Flagge signalisierte: Tor für Bayern!

Die Nürnberger protestierten, Helmer sagte, der war ganz klar drin, und ich gab das Tor. Noch in der Halbzeitpause meinte mein Assistent: ›Du brauchst dir keine Gedanken zu machen, der Ball war klar im Tor.‹ Der Nürnberger Manni Schwabl hat dann noch kurz vor Schluss einen Elfer vergeben.

Danach bekam ich ein gewaltiges Mediengewitter ab. Schon beim Rückflug standen vier oder fünf Kamerateams am Bremer Flughafen, ich schaffte es sogar in Sabine Christiansens Tagesthemen. Meine Frau hat am nächsten Tag die Telefonschnur aus der Wand gezogen. Am Tag der DFB-Verhandlung gab's in Japan einen Flugzeugabsturz mit 230 Toten, in der Tagesschau war das ›Phantom-Tor‹ trotzdem der erste Beitrag. Ich wurde auf Schleichwegen ins DFB-Gebäude gebracht, als wenn ich einen totgeschlagen hätte.

Der Mediendruck war so groß, dass beim DFB eine Spielwiederholung angesetzt wurde, und das trotz einer klaren Warnung von der FIFA, die auch in diesem Fall das Prinzip der Tatsachenentscheidung gewahrt wissen wollte. Aber die Wiederholung hat den Nürnbergern ja auch nicht geholfen, sie verloren 0:5 und stiegen in der Saison ab.

Ich selber habe ein paar Wochen Pause gemacht und danach noch ein Jahr Bundesliga gepfiffen. Spätestens seit dem Helmer-Desaster bin ich der Meinung, bei der Frage ›Tor oder kein Tor‹ dürfte es ruhig elektronische Hilfsmittel geben. «

In dubio pro Schiedsrichter
———————————— *Mannis Kommentar*

Was für eine großartige Perle in der Kette der Schiedsrichter-Fehlentscheidungen! Ein wunderbarer Beleg für die absolute Notwendigkeit des Videobeweises. Könnte man meinen. Denn es waren ja damals vor einem Vierteljahrhundert nicht alle auf dem Platz und auf den Rängen der Meinung, Thomas Helmer hätte ein korrektes Tor erzielt. Und die Proteste der Nürnberger hätten die Kontrolleure in der Kölner Videozentrale mit Sicherheit dazu veranlasst, sich dieses »Tor« noch mal anzugucken. Wenn schon der angebliche Torschütze nicht den Mumm hatte, auf den Fehler hinzuweisen.

Also ein Paradebeispiel für eine schwerwiegende Fehlentscheidung, für die der Videobeweis ja ins Regelwerk eingefügt wurde? Nein, eben nicht. Denn hier ging es ja um die

Frage »Tor oder kein Tor?«, wie der unglückliche Schiedsrichter schon treffend angemerkt hat. Also ein Fall für das »magische Auge«, für die Torlinien-Technologie, auch Hawk-Eye genannt. Dieses elektronische Hilfsmittel gibt es in der Bundesliga ja schon länger als den Videobeweis, nämlich seit Beginn der Saison 2015/16. Mit dem Hawk-Eye hatte ich persönlich nie Probleme. Weil es dabei keinen Interpretationsspielraum gibt. Ob der Ball drin war, entscheidet das unbestechliche magische Auge zuverlässig und präzise; und das bei der schwerwiegendsten und wichtigsten Schiedsrichterentscheidung. Da fehlte mir schon immer jeder Sinn für diese wunderbare Romantik, am Sonntagmorgen noch mal mit viel Pro und Contra den Schiedsrichter in den Senkel zu stellen, wann immer es ging. Um anschließend zwei bis drei Mal im Jahr die Krise des deutschen Schiedsrichterwesens auszurufen. Ich war nie ein fundamentaler Gegner jeglicher technischer Hilfsmittel zur Unterstützung der Schiedsrichter. Wenn sie – wie bei der Torlinienüberwachung – perfekt funktionieren, ist aus meiner Sicht jeder Einwand sinnlos.

Anders sieht das beim allgemeinen Videobeweis aus, der 2017 in der Bundesliga in die Erprobungsphase ging. Dort werden Perfektion und absolute Gerechtigkeit nur vorgetäuscht. Und immer, wenn wir merken, dass es so etwas im Fußball im umfassenden Sinne nicht geben kann, sind Frustration und Enttäuschung vorprogrammiert. Und die Hochbegabten unter den Fußballfans rufen bei jeder Videoentscheidung gegen die eigene Mannschaft »Scheiß DFB!«. Aber das ist eine andere Geschichte und kommt erst später dran.

Klaus Fischer
König der Fallrückzieher

Klaus Fischer liegt mit 268 Toren auch nach Jahrzehnten (hinter dem unerreichbaren Gerd Müller, 365 Tore) noch auf Platz zwei der ewigen Torjäger-Hitparade der Bundesliga. Berühmt sind vor allem Fischers legendäre Fallrückzieher. Einer davon wurde Tor des Monats, des Jahres und des Jahrzehnts und landete hinter Helmut Rahn auf dem zweiten Platz beim Tor des 20. Jahrhunderts.

» Mein erstes Fallrückziehertor erzielte ich in der Saison 1975/ 76 im Spiel gegen Karlsruhe. Bis dahin kannte die Bundesliga diese spektakuläre Art, Tore zu schießen, so gut wie gar nicht. Später in der Kabine war für alle klar: Das wird das Tor des Monats.

Allerdings muss man wissen, dass einiges dazugehört, solche Fallrückzieher zu machen. Wichtig ist, man darf keine Angst haben, denn das Verletzungsrisiko ist hoch, wenn man schlecht oder falsch landet. Richtig trainiert habe ich diese Dinger nie, aber trotzdem, Fallrückzieher ist nicht gleich Fallrückzieher, man benötigt schon eine gewisse Technik.

In Schalke unter den Trainern Rausch und Horvath habe ich trainiert, die Seitfallzieher – Bälle von links und rechts, egal wie sie kamen, hoch, halbhoch oder flach – immer mit dem Spann zu nehmen. Und daraus entstand dann irgendwann der Fallrückzieher. Man muss natürlich auch ein bisschen Glück haben, aber damit alleine ist es nicht getan. Der entscheidende Punkt ist die Intuition, und irgendwann hatte ich diese Technik verinnerlicht. Klar, die Flanke muss auch stimmen, nicht zu hoch, aber auch nicht zu steil, und Platz braucht man. Wenn ein Gegenspieler zu nahe ist, pfeift der Schiri ab.

Mein wohl schönster Fallrückzieher wurde genau deswegen leider nicht gegeben. Das war im Freundschaftsspiel gegen die UdSSR. Nachdem ich bereits abgesprungen war, näherte sich von hinten ein Spieler der Russen, der den Ball köpfen wollte. Wir haben uns nicht mal berührt, der Ball landete im Tor, aber der Schiedsrichter pfiff wegen gefährlichen Spiels ab. Sehr schade.

Geradezu lehrbuchartig war auch das Fallrückziehertor 1977 gegen die Schweiz, das spätere Tor des Jahrzehnts. Die Flanke kam von Abi Abramczik, der genau wusste, wie ich die Vorlage haben wollte. Und in der Nacht von Sevilla, dem Halbfinale gegen Frankreich bei der WM 1982 in Spanien,

»Wichtig ist, man darf keine Angst haben.«

konnte ich in der Verlängerung mit einem Fallrückzieher zum 3:3 ausgleichen, dieses Mal nicht ganz so spektakulär, dafür aber superwichtig – wir gewannen das anschließende Elfmeterschießen und kamen ins Finale.

Bis vor ein paar Jahren habe ich so ein Ding immer mal wieder in meiner Fußballschule gezeigt. Danach gefragt haben meine Schützlinge aber nie. Die waren einfach zu jung und wussten nichts von meiner alten Spezialität. Ich hab's für die Väter gemacht, die an der Außenlinie standen. «

Die hohe Kunst der Fallrückzieher
————————— *Mannis Kommentar*

Einen Fallrückzieher selber zu machen ist nicht einfach, aber ihn zu erklären, das ist fast noch schwerer. Isi und Jessi (11) versuchen es auf einer Internetplattform für Kinder so: »Wenn jemand zu fallen droht, und es kommt ein anderer Spieler und zieht ihn weg.« Das ist genauso knapp neben der Wahrheit wie die Definition von Nico (12): »Wenn einer schießen wollte und rutscht aus und fällt auf den Po und schießt den Ball noch weg.« Irgendwas mit Wegschießen ist es wohl, das hat Peer (10) am besten begriffen: »Wenn ein Spieler sich hintenrüber fallen lässt und dabei den Ball wegschießt.«

Also: Sich einfach hintenrüber fallen lassen und schießen, schon rauscht die Kugel ins Tor. Das klingt nicht sehr kompliziert, aber die perfekte Durchführung gelingt wegen der hohen Fehlerquote selten: die Koordination der Körperbewegungen, der Flugwinkel des Balles, der richtige Zeitpunkt des Schusses – Klaus Fischer hat die Probleme beschrieben.

Der Fallrückzieher ist eben Kunst, hohe Schule, eine spektakuläre Aktion, die sich aus der Tiefebene des missglückten Flachpasses über acht Meter erhebt. Noch mehr als andere Varianten der Ballbehandlung birgt der Fallrückzieher das Risiko des grausamen Scheiterns, ja die Gefahr, sich furchtbar lächerlich zu machen: Der Spieler fliegt perfekt, trifft aber den Ball nicht, oder er hämmert ihn in Richtung Eckfahne, oder er landet auf dem Rücken wie ein strampelnder Maikäfer und verletzt sich vielleicht noch dabei.

Mitteleuropäische Trainer schätzen das Risiko nicht, sie wollen Kontrolle, Effizienz und perfekt choreografierte Systeme; deshalb würden manche den Fallrückzieher am liebsten verbieten. Artistik und geniale Kunst stören die »wissenschaftliche« Planbarkeit des modernen Fußballs und wurden von den Minderbegabten schon immer als »Hacke, Spitze, eins, zwei, drei« verhöhnt. Nur die ganz Großen, die sich vielleicht auch noch »in den Dienst der Mannschaft« stellen, dürfen sanktionsfrei tricksen und zaubern.

Die Champions-League-Saison 2017/18 bot zwei besonders gelungene Beispiele für schulbuchmäßige Fallrückzieher, die selbstverständlich von Ausnahmeprofis vorgeführt wurden. Cristiano Ronaldo traf im Spiel gegen seinen späteren Arbeitgeber Juventus Turin, und im Finale gegen den FC Liverpool segelte der für Real Madrid spielende Waliser Gareth Bale spektakulär durch den Strafraum. Bale war 2013 für 100 Millionen Euro von Tottenham nach Madrid gewechselt und saß anschließend, mehr als ihm lieb war, auf der Reservebank. Ein Traumtor als Protest gegen mangelnde Wertschätzung? Damit hatte der alte Klaus Fischer nie was am Hut. Er nahm die Bälle einfach so, wie sie kamen.

Rudi Assauer

»Ab heute glaube ich nicht mehr an den Fußballgott.«

Am 19. Mai 2001 hätte Schalke 04 im letzten Spiel im alten Parkstadion Deutscher Meister werden können. Das 5:3 gegen Unterhaching reichte aber nicht, die Bayern holten mit einem 1:1 in Hamburg durch einen zweifelhaften Freistoß in letzter Sekunde die Schale. Schalkes damaliger Manager Rudi Assauer erinnert sich:

»Das Drama fing ja schon am vorletzten Spieltag an, als wir in Stuttgart in der 90. Minute das 0:1 durch Balakov kassierten, und Zickler machte in der letzten Minute mit links den Siegtreffer für die Bayern gegen Lautern. Da wussten wir, jetzt stehen unsere Chancen auf den Titel bestenfalls noch bei 50:50. Ich dachte mir: ›Die Bayern holen in Hamburg mindestens den einen Punkt, den sie brauchen, der HSV ist nicht stark genug, um die in Schach zu halten.‹

Im letzten Spiel gegen die Unterhachinger sah ich bereits die Felle davonschwimmen, denn nach einer halben Stunde lagen wir ja schon mit 0:2 hinten. Und dann haben wir dieses verrückte Spiel noch mit 5:3 gewonnen. Aber in Hamburg, da spielten sie ja noch. Dieses Warten hat mich wahnsinnig gemacht. Ich höre, die Hamburger führen mit 1:0, Schalke ist Meister! Und dann kommt dieser Fuhrmann von Premiere und schreit: ›Assauer, das Spiel in Hamburg ist aus, ihr habt's gepackt!‹

Die Leute im Stadion fingen an durchzudrehen. Ich lauf die Treppen hoch in die Kabine und denk: ›Ich krieg 'n Schlag.

Die spielen noch in Hamburg!‹ Und dann pfeift der Merk diesen Freistoß, der nie einer war. Das war doch ein verunglückter Ball, keine verbotene Rückgabe auf den Torwart Schober. Und Ujfalusi vom HSV grätscht noch rein, berührt den Ball sogar leicht.

Warum haut der Schober das Ding nicht auf die Tribüne? Ausgerechnet ein Ex-Schalker beschert uns so ein beklopptes Ding! Und wenn du beim Freistoß genau hinguckst, dann siehst du diesen blonden Fischer vom HSV, der steht auf der Linie direkt neben dem Pfosten, und in dem Augenblick, als Andersson ausholt, macht er einen Schritt nach links. Wäre er einfach nur stehen geblieben, dann wäre nix passiert.

Anschließend war auf Schalke nur noch totales Chaos, völliges Durcheinander. Ich hab zum ersten Mal auf einem Fußballplatz geheult, das passiert sonst nur ganz selten, vielleicht mal am Grab, wenn ein guter Freund gestorben ist. Ich dachte mir wochenlang: So nah warst du nie dran an der Meisterschaft. Vielleicht ein einziges Mal: als wir mit Borussia Dortmund 1966 am vorletzten Spieltag zu Hause gegen den späteren Meister München 1860 mit 0:2 verloren haben. «

Gott ist neutral

———————————— *Mannis Kommentar*

Ich stand ganz in der Nähe, als Rudi Assauer nach dem Spiel den unvergessenen Satz sprach: »Ab heute glaube ich nicht mehr an den Fußballgott.« Er war sehr ernst, da schwang keine Spur von Ironie mit. Jeder sollte glauben, dieses verbitterte Menschenkind namens Rudolf hat heute mit dem höheren Wesen gebrochen, das sonst bei Schalke immer seine Finger im Spiel hat.

Keiner traute sich nachzufragen, zum Beispiel, warum der göttliche Beistand bei den drei Abstiegen in die 2. Liga und seit

1958 regelmäßig in der Meisterschaftsfrage nie zu spüren war. Alle schwiegen betroffen, manche schickten wahrscheinlich ein Stoßgebet nach oben, zu jenem nicht mehr Existenten.

Assauer kriegte es mit den Kirchenleuten zu tun, die sich die Vereinnahmung Gottes für schnöde blau-weiße Belange verbaten. Der gläubige Christ Gerald Asamoah half sich mit dem Satz, Gott wisse schon, was er tue: »Ich glaube weiter an ihn.«

Belege für das lenkende Eingreifen des Herrn in ein Fußballspiel gibt es nicht. Nur ein einziges Mal wurde diese Behauptung auf höchster Ebene aufgestellt: WM 1986, Viertelfinale England gegen Argentinien, das 1:0 für Argentinien, Sie erinnern sich: »die Hand Gottes«, eingeführt über das Medium Maradona. Der Hauptdarsteller brauchte nur neunzehn Jahre, um die nicht sehr fromme Lüge zuzugeben. So ein kleines bisschen sei es damals auch seine linke Faust gewesen ...

Aber auch ohne göttliche Steuerungsmaßnahmen gibt es auffällige Parallelen zwischen Fußball und Religion. Das beginnt schon bei der inbrünstigen Hinwendung des Fans zu seinem Verein, mit allen Fasern seines Körpers, ganz wie ein Tiefgläubiger (»Schalke, dat is mein Leben.«).

Und ist nicht der Kult um die Stars vergleichbar mit dem Heiligenkult der katholischen Kirche? Im Fußball die Hoffnung auf die symbolische Teilhabe an Ruhm und Reichtum durch das Überstreifen eines Trikots, in der Kirche das Streben nach dem Kontakt mit der Wirklichkeit Gottes über die Verehrung eines Heiligen? Da wird die Konstruktion eines parteiischen Fußballgottes (der sich auch noch durch Kerzenspenden vor wichtigen Spielen beeinflussen lässt!) zweitrangig.

Margot Käßmann, die ehemalige Ratsvorsitzende der Evangelischen Kirche in Deutschland, sieht in Gott einen neutralen Fußballfreund: »Er freut sich mit den Gewinnern und stärkt den Verlierern den Rücken.« Nach dieser Beschreibung könnte Gott auch Schiedsrichter sein. Dann hätte er aber am 19. Mai 2001 den Freistoß für die Bayern nicht gepfiffen. Wegen der Gerechtigkeit.

Der enttäuschte Rudi Assauer nahm seine Verbitterung über die entgangene Meisterschaft mit ins Grab. Bis zu Assauers Tod im Februar 2019 gelang den Schalkern weder mit noch ohne göttlichen Beistand ein Meistertitel. Es wäre der erste nach 1958 gewesen. »Ich werde es noch erleben«, hatte Assauer immer wieder beschworen. Sein größter Wunsch ist nicht in Erfüllung gegangen.

Rudi Völler

Frank Rijkaard, »het Lama«

Brisante Spiele zwischen Deutschland und den Niederlanden gab es viele. Besonders in Erinnerung geblieben ist aber vor allem das Achtelfinalspiel der WM 1990 in Mailand, in dem Frank Rijkaard in der 22. Minute Rudi Völler anspuckte und anschließend beide vom Platz gestellt wurden. Völler dazu im Interview:

Breuckmann: »Können Sie die Fragen nach Frank Rijkaard noch hören?«

Völler: »Ich muss damit leben. Aber es ist schon richtig: Ob in Leverkusen, Brasilien oder Italien, überall werde ich auch nach all den Jahren noch auf diesen Vorfall angesprochen.«

Breuckmann: »Wie kam es denn zu der Spuck-Attacke?«

Völler: »Rijkaard foult mich im Mittelfeld und sieht dafür Gelb. Er fängt mit mir an zu diskutieren, und danach spuckt er mir von seitlich hinten in die Haare. Der Schiedsrichter hat das nicht gesehen, und als ich mich beschwere, zieht er doch tatsächlich die gelbe Karte. Kurz danach habe ich einen Zusammenprall mit dem Torwart van Breukelen. Da macht Rijkaard wieder Theater, packt mich am Ohr – danach kriegt er Rot. Und ich auch! Vollkommen unbegreiflich! Und bei seinem Abgang spuckt der Holländer mich noch mal an. Später im Kabinentunnel habe ich ihn zur Rede gestellt, da gab's dann noch 'ne kleine Rangelei.«

Zweikämpfe mit allen Mitteln: Frank Rijkaard und Rudi Völler

Breuckmann: »Deutschland spielte ja damals andauernd gegen Holland. Waren Sie mit Rijkaard verfeindet?«

Völler: »Quatsch, die Duelle mit ihm, vier oder fünf Spiele, waren immer in Ordnung. Da wurde kein schmutziger Fußball gespielt. Wir kannten uns ja auch aus der Serie A, er bei Milan, ich beim AS Rom. Für mich war es ja fast schon ein Kompliment, dass der holländische Trainer Leo Beenhakker Rijkaard als Manndecker gegen mich stellte. Normalerweise spielte der nämlich im Mittelfeld und war als Verteidiger fast verschenkt. Rijkaard hatte damals private Probleme, vielleicht erklärt das so einiges.«

Breuckmann: »Der Platzverweis scheint Sie ja mehr geärgert zu haben als die Spuckerei.«

Völler: »Na klar, ich hatte bei der WM schon drei Tore geschossen und kam durch die Sperre fürs Viertelfinale ziemlich aus dem Rhythmus. Außerdem: Ich war zwar kein Kind von Traurigkeit auf dem Platz, wusste aber immer, wo die Grenzen liegen. In achtzehn Jahren als Profi habe ich außer bei dieser Rijkaard-Nummer nur noch einmal Gelb-Rot gesehen, in Rom, und zwar fürs Ballwegschlagen.«

Breuckmann: »Die offizielle Versöhnung gab's sechs Jahre später.«

Völler: »Ja, wir posierten in buttergelben Bademänteln für holländische Butter, und als Überschrift stand in der Anzeige: ›Alles wieder in Butter!‹ Das Honorar haben wir gemeinsam für die Mexico-Hilfe [eine von dem damaligen DFB-Präsidenten Egidius Braun 1986 initiierte DFB-Stiftung, Anm. d. Red.] gespendet.«

Holländisch-deutscher Fußballkrieg
—————————————— *Mannis Kommentar*

Am schlimmsten war es immer in Rotterdam. Bei Fußballreisen in die Hafenstadt lagen Unsicherheit, Angst und Gewalt mit im Gepäck. Dreimal war ich da, zu Zeiten, als in anderen Ländern schon gemeinsame Fanparties gefeiert wurden – in Rotterdam gab es jedoch stets Pöbeleien und Theater.

Die Stadt und der Hafen von Rotterdam sind 1940 und noch mal 1944 von deutschen Bomben gründlich plattgemacht worden. Das prägte das Bewusstsein bis weit in die Neunzigerjahre und führte zu skurrilen Begegnungen, etwa als beim Mönchengladbacher Gastspiel 1996 ein Zwanzigjähriger mir (Jahrgang 1951) mitteilte, er habe den Krieg noch nicht vergessen. Im gleichen Jahr schämte ich mich furchtbar, als deutsche Hooligans beim Länderspiel im Rotterdamer Stadion den Hitlergruß zeigten.

2002 war es besonders gespenstisch: Dortmund spielte das UEFA-Cup-Finale gegen Feyenoord in Rotterdam, und die Sicherheitsbehörden hatten ihre Lektion gelernt: Die Fans beider Lager wurde so gründlich separiert wie die Ost- und Westberliner zu Zeiten der Mauer. Die Stadt war ein einziges Polizeilager. Als Begleitmusik standen lange Schlangen niederländischer Spießbürger vor dem Rotterdamer Rathaus, um sich in die Kondolenzlisten für den ermordeten ausländerfeindlichen Politiker Pim Fortuyn einzutragen.

Mittlerweile hat die hasserfüllte Rivalität nachgelassen, vielleicht auch aus Mangel an Gelegenheiten. Begonnen hat der »Krieg« (Rinus Michels) 1974, als sich der holländische Fußball aus seinem Zwergendasein erhob. Die WM-Endspiel-Niederlage wurde – mit zeitlicher Verzögerung – jenseits der Grenze als Trauma empfunden, als verpasste Möglichkeit, sich für den deutschen Überfall 1940 zu rächen.

Der Höhepunkt der symbolischen Überfrachtung des niederländisch-deutschen Fußballkonfliktes war das Jahr 1988. Oranje warf Deutschland in Hamburg aus der EM, neun von fünfzehn Millionen Holländern tanzten danach auf den Straßen und sangen: »1940 kamen sie, 1988 kamen wir, holadije, holadio!« Und Ronald Koeman wischte sich mit Olaf Thons Deutschlandtrikot symbolisch den Hintern ab.

David gegen Goliath, kleines, unterdrücktes Volk gegen brutale Besatzer, schöner Multi-Kulti-Fußball gegen Grätsch-Monster-Gebolze – Bilder, die die Holländer sorgsam pflegten, die aber nicht in jeder Beziehung die Wirklichkeit widerspiegelten. Die Deutschen holzten erst 1990 zurück, dann aber richtig, nicht nur in Gestalt prügelnder Skins, sondern auch in Person des großmäuligen Loddar, der beim Oktoberfest einem Holländer bedeutete: »Du bist wohl vergessen worden vom Adolf!«

Der gleiche Matthäus bekam im Jahr 2000 vor einem Länderspiel in Amsterdam für sein 144. Spiel im deutschen Dress (internationaler Rekord) von Edgar Davids Blumen überreicht. Und die meisten Zuschauer klatschten Beifall. Ob's den Richtigen getroffen hat, sei offengelassen, aber immerhin war der Applaus ein schöner Beitrag zum Abbau alter Feindbilder. Im neuen Jahrtausend wird zwar immer wieder gerne medial versucht, niederländisch-deutsche Begegnungen anzuheizen, aber die Flammen, sie wollen nicht mehr so recht lodern. Das Spucken, das Treten und das Hetzen – all das gehört in eine dunkle, fast vergessene Vergangenheit.

seine Karriere nach dem WM-Halbfinale gegen Deutschland beendet war. Zur Strafe musste er seinen fußballerischen Lebensabend bei Cruzeiro Belo Horizonte verbringen. Das Stadion, in dem Deutschland triumphierte, rissen randalierende Fans halb ab, als Cruzeiro im Dezember 2019 nach 98 Jahren in der ersten Liga erstmalig absteigen musste.

Bis heute hat sich die Halbfinal-Schmach im brasilianischen Sprachgebrauch gehalten. Wenn jemand eine schwere persönliche Niederlage einstecken muss, ruft er gerne »seteum« (7:1) aus. Und wenn dem Brasilianer das wertvolle Designer-Sektglas aus den Händen gleitet und am Boden zerschellt, was brüllt er dann? »Gol da Alemanha!« heißt sein Entsetzensschrei, »Tor für Deutschland!« eben, seit 2014 ein gängiger Kommentar bei Missgeschicken aller Art. Und dann gibt es noch den cleveren Deutschen, der sich zwei Tage nach dem Spiel das Ergebnis »7:1« als geschützte Wortmarke vom Deutschen Patent- und Markenamt eintragen ließ. Ob und wie viel Geld mit dieser »Wortmarke« danach verdient wurde, ist nicht öffentlich bekannt.

Danke, danke!

Es ist nun an der Zeit, den vielen Menschen Dank zu sagen, ohne die dieses wegweisende Buch nicht zustande gekommen wäre. An erster Stelle danke ich meinem Vater, an dessen Hand ich die ersten Schritte in die erregende Welt des Fußballs getan habe. Im Ostring-Stadion in Datteln/Westfalen wurden die Grundlagen für meinen hohen Qualitätsanspruch an die Leistungen auf dem grünen Rasen gelegt.

Ich möchte mich posthum ausdrücklich bei Egon Nethövel entschuldigen, dessen überirdisches Freistoßtor im Spiel Germania Datteln gegen den BV Selm 1961 in diesem Kompendium keine Erwähnung findet. Ich konnte mich gegen die unsachlichen Einwände meiner Mitjuroren Markus J. Karsten und Rüdiger Grünhagen aus dem Westend Verlag nicht durchsetzen. Sorry, Egon! Dennoch gilt den beiden ein großes Dankeschön für die überwiegend hilfreichen Handreichungen und Hinweise bei der Szenenauswahl. Ohne sie würde mein Buch ohne Umwege auf dem Müllhaufen der Fußballbuchgeschichte landen.

Noch größere Dankbarkeit empfinde ich gegenüber meinen prominenten Gesprächspartnern aus der Fußballszene. Sie alle haben spontan und ohne das übliche Prämien-Pokern freudig zugesagt. Diejenigen, die ich wochen- oder monatelang bearbeiten musste, erwähne ich wegen der mir mittlerweile innewohnenden Altersmilde nicht.

Und eins noch: Wenn Sie, liebe Leserinnen und Leser, unbedingt Lob oder Kritik loswerden wollen, nur her damit! Ich werde Ihre Meinungsäußerungen so behandeln, wie sie es verdient haben.

Mit sportlichen Grüßen
Manni Breuckmann

Manni Burgsmüller
12:0 – die Packung aller Packungen

*Am letzten Spieltag der Saison 1977/78 schlug Borussia
Mönchengladbach Borussia Dortmund vor 38 000 Zuschauern
im Düsseldorfer Rheinstadion mit 12:0. Der höchste Sieg in der
Geschichte der Bundesliga nutzte den Gladbachern im Kampf
um die Deutsche Meisterschaft nichts, weil gleichzeitig Köln in
St. Pauli mit 5:0 gewann und sich so den Titel sicherte. Köln
und Mönchengladbach waren punktgleich in den 34. Spieltag
gegangen, die Kölner hatten eine um zehn Tore bessere
Tordifferenz. Manni Burgsmüller, damaliger Kapitän des
BVB (gestorben im Mai 2019 im Alter von nur 69 Jahren), mit
seinen Erinnerungen an diesen schwarzen Tag:*

» Eines muss ich gleich am Anfang feststellen: Diese Packung
war für den BVB ein einziges Desaster, aber das Spiel war weder verschoben noch hat es vorher irgendwelche Mausche-
leien gegeben. Es war einfach ein Tag, an dem für uns alles
schiefgelaufen ist, und den Gladbachern gelang jede Aktion.
Vielleicht waren wir nicht mehr so spritzig, weil es für Dortmund um nichts mehr ging; aber wir sind genau so in die
Zweikämpfe gegangen wie sonst auch und hatten sogar einige
Torchancen: Es hätte auch 15:7 ausgehen können.

Nehmen wir nur einmal Jupp Heynckes: Der hat an dem
Tag fünf Tore geschossen; dabei war er verletzt und lief mit
einem dick bandagierten Knie herum. Aber sein Gegenspieler, unser Verteidiger Amand Theis, wirklich kein Kind von
Traurigkeit, sah oft aus wie ein Anfänger. Irgendeiner schlug

den Ball in den Strafraum, und bumms, von Heynckes' Bein prallte er ins Tor.

Ich erinnere mich noch an einen kuriosen Vorfall während des Spiels: Als ein Gladbacher Schuss mal zufällig neben das Tor ging, waren wir alle schon so konsterniert, dass keiner von den Schwarz-Gelben den Ball holte, um das Spiel mit dem fälligen Abstoß fortzusetzen. Daraufhin raste Schiedsrichter Biwersi auf die Tartanbahn und brachte die Kugel aufs Feld zurück.

Zur Pause stand es schon 6:0. Unser Trainer Otto Rehhagel ist in der Kabine überhaupt nicht laut geworden, hat uns aber beschworen, uns jetzt mal zusammenzureißen. Das hat alles nichts genutzt. Am Ende war ich froh, dass die Kölner bei St. Pauli so hoch gewonnen hatten, sonst wäre es ganz schlimm geworden. Heute gibt es solche Kantersiege im bezahlten Fußball nur noch ganz selten, irgendwann fangen die Jungs an, den Schongang einzulegen, und hören auf, richtig zu spielen.

Die Hinrichtung hat bei Borussia Dortmund zwei Opfer gefordert: Unser Torwart Endrulat kriegte hinterher im Profifußball kein Bein mehr auf die Erde, und Rehhagel wurde sofort entlassen. Das hat er schon geahnt, als wir beide nach der Partie mit dem Privatwagen in unseren gemeinsamen Wohnort Essen fuhren.

Nach der Saison hatte der BVB noch eine Freundschaftsspiel-Tournee mit sechs, sieben Spielen in ganz Deutschland. Es war das reine Spießrutenlaufen, überall wurden wir verhöhnt und ausgelacht. Dieses 0:12 war schon ein Tiefpunkt in meiner Karriere. «

─────────────── *Mannis Kommentar*

Mit den zweistelligen Ergebnissen ist es in der Bundesliga schon länger vorbei. Wahrscheinlich, weil die Breite an der Spitze größer geworden ist. Und weil die Herren Fußballer schon seit ewigen Zeiten auf Trainingsspiel umstellen, so sie denn mit drei oder vier Toren Unterschied führen.

So wurde der zweite Platz bei den Kantersiegen – nach dem 12:0 der Gladbacher – schon vor mehr als vierzig Jahren vergeben: Ihn belegt ebenfalls die Fohlenelf mit einem satten 11:0 gegen Schalke am 7. Januar 1967. Bei Schalkes höchster Niederlage in der Liga traf der kleine Bernd Rupp viermal, in der zweiten Halbzeit gab es eine Phase mit vier Toren in 14 Minuten. Die Begleitumstände für die Schalker waren tragisch, denn kurz zuvor war die Frau des Stürmers Manni Kreuz im Alter von nur 27 Jahren gestorben. Danach gab es so etwas wie tätige Reue oder Wiedergutmachung: Eine Woche später nämlich trat Gladbach bei Schalke im Pokal an, und die Blau-Weißen siegten mit 4:2.

Platz drei der Torflut-Hitparade teilen sich die Spiele Bayern gegen Dortmund (1971) und Dortmund gegen Bielefeld (1982) mit jeweils 11:1. Beim Bayern-Erfolg traf Gerd Müller viermal, beim BVB unter Trainer Horst Witzler spielte noch der eisenharte Werner Lorant, Dieter Weinkauff machte das Ehrentor. Bayern wurde in der Saison Meister vor Schalke, Dortmund stieg ab und erst nach vierjähriger Leidenszeit 1976 wieder auf. Bei Dortmunds Sieg elf Jahre später gegen Arminia Bielefeld fielen zehn Tore in einer Halbzeit, zur Pause hatte es noch 1:1 gestanden. Das war und blieb unerreicht. Manni Burgsmüller machte fünf Tore. Am Ende wurde Bielefeld Achter – so gut wie nie, ein Jahr später gelang ihnen noch einmal Platz acht – und der BVB landete auf Rang sieben.

Bei zwei Spielen gab es jeweils ein 10:0: 1967 schlug Mönchengladbach Borussia Neunkirchen mit diesem Ergebnis, und 1984 gewann wieder die Gladbacher Borussia gegen Eintracht Braunschweig mit 10:0. Gegen Neunkirchen siegte Gladbach im »Ausweichquartier« Düsseldorfer Rheinstadion. Am Ende der Saison verließ der Traditionsclub Neunkirchen die Bundesliga, wo die Saarländer insgesamt drei Jahre gespielt hatten. Die Neunkirchener Vereinsstatistik weist 54 Jahre Erstklassigkeit aus, allerdings überwiegend in der ersten Hälfte des vergangenen Jahrhunderts.

Die Braunschweiger Packung 1984 (je drei Tore Uwe Rahn und Jörg Criens) legte den Grundstein für den dritten Abstieg des Meisters von 1967. Seitdem ist die Eintracht, damals trainiert von Alexander Ristic, nur noch eine rastlose Wanderin zwischen Liga zwei und drei.

So richtig deftige Deklassierungen sind in der Bundesliga heutzutage höchst selten. In den Zeiten der absoluten Bayern-Dominanz hatte fast nur der Rekordmeister dann und wann unersättlichen Torhunger. 2013, 2015 und 2017 war der HSV das bedauernswerte Opfer: 9:2, 8:0 und noch mal 8:0 waren die deprimierenden Ergebnisse. Ach ja, und dann schlugen die Bayern noch den FC Schalke 04 zum Auftakt der zweiten Corona-Saison 2020/21 mit 8:0. Sie hören einfach nicht auf.

Andy Köpke
Der berühmteste Spickzettel der Welt

Das »Sommermärchen 2006« endete für die Nationalmannschaft erst im Halbfinale gegen Italien, nicht zuletzt, weil Jens Lehmann im Viertelfinale gegen Argentinien zwei Elfer hielt. Dabei half ihm ein kleiner, von Torwarttrainer Andy Köpke beschriebener Zettel. Der Autor des hilfreichen Dokuments berichtet:

» Schon Berti Vogts gab mir 1996 einen Zettel. Dort waren alle Elfmeter der Euro aufgeführt, aber die hatte ich ja ohnehin im Fernsehen gesehen. Unter Klinsmann haben wir die Analyse der gegnerischen Elfmeter richtig professionalisiert. Wer wann wohin geschossen hatte, das registrierten wir nicht nur in den internationalen Begegnungen, sondern auch auf Vereinsebene. Eine große Hilfe war uns der Sohn von Huub Stevens, aber auch die Studenten der Sporthochschule Köln sind wichtige Analytiker für Elfer und Standards.

Sie erinnern sich an die rührende Szene, als Oliver Kahn vor dem Elfmeterschießen zu seinem ewigen Kontrahenten Lehmann ging, ihm den Kopf tätschelte, ihn abklatschte und Glück wünschte. Mittags, vor dem Spiel, hatte ich Jens den Zettel mit den Erkenntnissen über die argentinischen Elfmeterschützen geschrieben, den ich ihm unmittelbar vor dem Elfmeterschießen gab.

Jens guckte gerade auf das Blatt Papier, als Olli sich näherte. Es war nicht so geplant, dass jeder diese Aktion mitkriegen konnte, aber das Wichtigste war ja: Es hat funktioniert! Jens steckte den Zettel in seinen rechten Stutzen und lugte ab und zu drauf, auch vor seinen beiden erfolgreichen Paraden gegen Ayala und Cambiasso. Vielleicht hat das noch mitgeholfen, die Schützen zu irritieren. Ohnehin neigen die Spieler dazu, wenn sie ausgepumpt nach einer Verlängerung zum Elfmeterschießen antreten, unter dem enormen Druck ihr gewohntes Eck anzuvisieren. Ein Zettel allein bringt es natürlich überhaupt nicht; um einen Elfmeter zu töten, musst du noch viele andere Dinge beherzigen. Einer der wichtigsten Grundsätze: Den Schützen nervös machen, vielleicht ihn auch durch stoische Ruhe verunsichern. Je nach Situation kann man auch auf ihn einreden oder sich auf der Linie hin und her bewegen, auch das dient der Verunsicherung. Ich habe immer versucht, den Gegenspielern in die Augen zu schauen, weil sie unter Druck oft unbewusst in das Eck gucken, in das sie auch schießen.

Der Torwart muss Souveränität vermitteln und ein Gefühl für die richtige Aktion entwickeln. Deshalb habe ich auch zu Jens gesagt: ›Hier hast du den Zettel, aber verlass dich auch auf dein Gefühl.‹ Wer Elfmeter halten will, braucht schließlich auch eine Portion Glück und sollte versuchen, möglichst lange stehen zu bleiben. Man muss den Zeitpunkt erwischen, in dem der Schütze seine ausgewählte Ecke nicht mehr wechseln kann, also kurz vor der Ballberührung. Dann muss ich als Keeper auch noch auf einen unplatziert geschossenen Elfmeter hoffen, denn sonst hat man kaum eine Chance, den Ball zu halten.

Beim Elfmeterschießen sind wir Deutschen übrigens auch im aktiven Part verdammt gut. Sieben Mal musste die deutsche Nationalmannschaft bei diversen Turnieren im Elfmeterschießen ran; nur ein einziges Mal ging es daneben, 1976 beim Euro-Finale gegen die Tschechoslowakei in Belgrad. Auf seinen verschossenen Elfmeter (›in den Nachthimmel von Belgrad‹) wird Uli Hoeneß noch heute angesprochen. **«**

Elfmeterschießen – eine deutsche Erfindung
——————————— *Mannis Kommentar*

Bei den Argentiniern haben 2006 in Berlin die Nerven versagt, da sitzen sie im gleichen Boot wie die Engländer, die früher regelmäßig beim Elfmeterschießen gegen Deutschland patzten. Und dann ist dieses »fucking penalty shootout« auch noch in Deutschland erfunden worden! Und zwar von einem Schiedsrichter namens Karl Wald. Der gebürtige Hesse, 2011 mit fünfundneunzig verstorben, behauptete noch mit neunzig von sich: »Ich bin immer noch in Form mit 1,72 Metern und 65 Kilo, nie geraucht oder gesoffen, ich hatte eine Bombenkondition, meine Spezialität waren 10 000-Meter-Läufe«. Wald machte zuerst eine Friseurlehre im Frankfurter Opernhaus und dann, 1936, die Schiedsrichterprüfung.

Für eine große Karriere als Aktiver bei seinem Stammverein Rot-Weiß Frankfurt hatte es nicht gereicht. Vierzig Jahre lang pfiff Karl Wald über 1000 Fußballspiele, vorzugsweise in der Oberliga Süd: »Bayern gegen 1860 vor 50 000 Zuschauern, das war noch in den Fünfzigerjahren, oder das Abschiedsspiel von Helmut Haller in Augsburg, bevor der Profi in Italien wurde.« Da wohnte Wald schon längst im oberbayerischen Penzberg; nach dem Krieg hatte es ihn dorthin verschlagen, er schuftete im Steinkohlenbergbau, war später Betriebsrat bei MAN.

In die Annalen der Fußballgeschichte geriet Karl Wald 1970: »Es hat mir schon immer gestunken, wenn ich am Ende zur Spielentscheidung Münzen in die Luft werfen musste. Wappen oder Zahl, das war doch unsportlich!« Der drahtige Hesse entwickelte seine Vision vom Elfmeterschießen und legte sie auf einem Verbandstag dem Bayerischen Fußballverband zur Entscheidung vor. »Der Präsident Hans Huber wollte nichts verändern, aber am Ende musste er sich den Delegierten beugen, die mit über 60 Prozent für meine Idee gestimmt hatten.«

In der Saison 1970/71 wurde das Elfmeterschießen in der Oberliga eingeführt, und von Bayern aus eroberte es die gesamte Welt des Fußballs, über den DFB und die UEFA bis zur FIFA; die brauchte 47 Gremiensitzungen, bevor sie »die Schüsse von der Strafstoßmarke zur Siegerermittlung« einführte.

Seitdem hat es viele dramatische Elfmeterschießen gegeben. »Das ist doch ein tolles Gefühl«, sagte Karl Wald, »wenn ich mir das Elfmeterschießen im Champions-League-Finale 2008 zwischen Manchester und Chelsea angucke, und dann denk ich mir: Ohne mich würden sie noch ein Geldstück hochwerfen!«

Der Weltfußball hat Karl Wald auch nicht vergessen: Zum 90. Geburtstag kamen Glückwünsche vom FIFA-Präsidenten.

Ditmar Jakobs
Wenn ein Torhaken die Karriere zerstört

In der Saison 1989/90 rutschte der HSV-Spieler Ditmar Jakobs beim Derby gegen Werder Bremen während einer Rettungsaktion in einen Haken der Tornetzaufhängung und verletzte sich so schwer, dass er seine Karriere beenden musste. Die Erinnerung schmerzt ihn auch heute noch:

» Wir hatten einen furiosen Fehlstart hingelegt und belegten am 9. Spieltag lediglich Platz 16. Nun kam das Nordderby gegen Werder Bremen. Die Vorfreude war groß, andererseits standen wir aber auch ziemlich unter Druck, wir mussten dringend punkten. Um die 20. Minute herum fingen die Bremer einen Angriff von uns ab und fuhren einen Konter. Wynton Rufer überlupfte unseren Torwart Golz, ich sprintete zum Tor, die Augen nur auf den Ball fixiert, und schaffte es, den Ball vor der Linie wegzuschlagen. Allerdings hatte ich so viel Schwung, dass ich ungebremst ins Tor rutschte. Ich hing im Netz und wollte wieder aufstehen, merkte aber, dass ich festhing. Ich tastete hinter mich und spürte das Netz und etwas Metallisches, Schmerzen allerdings nicht.

Der Mannschaftsarzt und der Physiotherapeut Hermann Rieger waren schnell da, um mir zu helfen,. stellten aber fest, dass sich ein defekter, offener Karabinerhaken aus der Netzbefestigung in meinen Rücken gebohrt hatte. Erst versuchte man ergebnislos, mich mit einer Flex zu befreien. Allmählich ließ der Schock nach, und die Schmerzen kamen. Schließlich schaffte es der Mannschaftsarzt, den Karabiner mit einem

Skalpell herauszuschneiden. Ich wurde mit einer Fleischwunde ins Krankenhaus gebracht, das Spiel ging weiter.

Bald stellte sich jedoch heraus, dass der Haken ein paar
Zentimeter ins Fleisch eingedrungen war, drei Lendenwirbel-
fortsätze abgeschlagen und wichtige Nervenbahnen durch-
trennt hatte. Abends war ich noch zuversichtlich, dass es
schnell weitergehen würde.

Ich habe dann auch bald wieder versucht zu trainieren, litt
aber unter motorischen Einschränkungen und Schmerzen.
Ich wollte es in den ersten Monaten nicht wahrhaben, musste
mir dann aber eingestehen, dass es nichts mehr wird. Ich war
36 Jahre alt, ein ordentliches Alter für einen Fußballer, und
hätte sowieso lange gebraucht, um wieder richtig fit zu werden; aber auch wenn ich erst 20 Jahre alt gewesen wäre, hätte
das nichts am Karriereende geändert.

Das Tragische war, dass ich genau in den einzigen defekten
Karabinerhaken gerutscht bin, der auch noch nach innen her-
vorstand. Damals waren einige Tornetze noch an einer auf
dem Boden liegenden Eisenstange mit Karabinerhaken befes-
tigt, die Netzaufhängung wurde aber bereits nach und nach
umgestellt. Doppelt tragisch: Das Volksparkstadion war ausgerechnet eines der letzten Stadien mit der alten Aufhän-
gung. Immerhin haben wir das Spiel noch mit 4:0 gewonnen ... «

Karriereende mit 36

——————————————— *Mannis Kommentar*

Ditmar Jakobs musste sich nach dem grausigen Unfall mit
dem Karabinerhaken beruflich umorientieren. Er wurde Ver-
sicherungsmakler; seine Agentur kümmert sich auch um die
speziellen Belange von Profifußballern. Die tun gut daran,
sich abzusichern. Denn nur die allerwenigsten scheffeln fünf-

zehn Jahre lang die notwendigen Millionen, um sich auf einem Landgut in der Toskana zur Ruhe setzen zu können. Zumal dann, wenn sie dazu noch einen Lebensstil pflegen wie der Nordire George Best: »Die Hälfte des Geldes, das ich verdient habe, ist für Alkohol, Frauen und Autos draufgegangen, den Rest habe ich einfach verprasst.«

Krankheit, Verletzung und finanzieller Leichtsinn bedrohen den erträumten dauerhaften Wohlstand. Selbst weit über fünfhundert Bundesligaspiele, wie im Falle des Ex-Torwarts Eike Immel, schützen nicht vor der Privatinsolvenz und dem schweren, mit angeblich 50 000 Euro versüßten Gang ins Dschungelcamp.

Über das soziale Elend von Fußballprofis wird zu Recht nur ganz selten in den Talkshows diskutiert; aber so furchtbar lustig ist es nicht für einen dreißigjährigen Bundesligaspieler, wenn er nach einer schweren Verletzung zum Sportinvaliden erklärt wird. Okay, es gibt eine kleine Rente von der Verwaltungsberufsgenossenschaft, und die vom Verein abgeschlossene Unfallversicherung zahlt auch noch ein paar Euro. Aber die Sache mit den Frauen und den schnellen Autos funktioniert nur bei einem reibungslosen Übergang in einen einträglichen Job – oder wenn eine fette Sportunfähigkeitsversicherung zahlt. Die wird allerdings fast nur noch auf dem ausländischen Versicherungsmarkt angeboten, die meisten deutschen Versicherer scheuen das Risiko.

Und das ist nicht klein: Der Fußball ist für 57 Prozent aller Fälle von Sportinvalidität verantwortlich. Das Spiel ist schneller geworden, die komplexen Bewegungsabläufe hat der liebe Gott am sechsten Schöpfungstag bei der Erschaffung des Menschen nicht vorgesehen. In den letzten zehn Jahren hat die Zahl der Sprints um 30 Prozent zugenommen, pro Spiel werden dem Durchschnittsprofi 160 Antritte abverlangt, zwischendrin gilt es immer wieder, abzubremsen und die Richtung zu ändern.

Da die Regenerationszeiten bei 60, 70 Spielen pro Jahr auch nicht länger werden, beginnt der Körper, diese Belastung übel zu nehmen: Berufsfußballer haben im Schnitt pro Saison zwei Verletzungen, eine leichte und eine schwerere, die den Einsatz auf dem Rasen ausschließen. Das wurde in einer Studie der Ruhr-Universität Bochum ermittelt, deren Verfasser gleichzeitig herausfanden, dass in einem Bundesligakader ständig 13,5 Prozent der Spieler nicht einsatzfähig sind.

Die Behandlungs- und Personalkosten für Verletzungen im Profifußball summieren sich auf rund 90 Millionen Euro pro Jahr. Dabei (Achtung: verunglücktes Bild!) ist das Knie die Achillesferse: Mehr als ein Drittel der Verletzungskosten werden für Kniebehandlungen aufgewendet. Auf der Skala der empfindlichen Körperteile folgen die Sprunggelenke und die Oberschenkel.

Wer Fußball und Gesundheit kombinieren möchte, sollte sich also im Fußballstadion besser auf die ergonomisch vorbildlichen Sitze im VIP-Bereich konzentrieren.

Jens Lehmann

Ein Torwarttor mit Köpfchen

Im Ruhrpott-Derby gegen Borussia Dortmund am 19. Dezember 1997 köpft Jens Lehmann, damals noch Torwart bei Schalke 04, in der 90. Minute den Ausgleich zum 2:2. Erstmals in der Bundesliga erzielt damit ein Torwart aus dem Spiel heraus ein Tor – daran denkt Lehmann gerne zurück:

>> Schalke gegen den BVB – das ist die Mutter aller Derbys, die Spiele sind immer brisant und höchst emotionsgeladen. In dieser Saison hatten beide Teams zudem einen europäischen Titel im Gepäck: Wir hatten in der Vorsaison den UEFA-Cup gewonnen, Dortmund die Champions League. Die Messlatte lag also noch etwas höher, zudem wollten wir uns natürlich wieder für das internationale Geschäft qualifizieren.

Das Derby im Dezember 1997 fand allerdings unter umgekehrten Vorzeichen statt: Wir standen in der Tabelle mit sieben Punkten vor dem Erzrivalen und hatten zudem das Hinspiel mit 1:0 für uns entscheiden können. Durch einen Sieg hätte der BVB uns beim Kampf um die internationalen Plätze wieder im Nacken gesessen, und das wollten wir unbedingt vermeiden.

Dortmund ging relativ früh in Führung, wir glichen aus, doch Andy Möller brachte den BVB in der 79. Minute erneut in Führung, durch einen schönen Schuss in den Winkel. Wir versuchten noch mal alles, um den Ausgleich zu erzielen. Auch ich rannte schon früh nach vorne. Einmal wurde der Ball abgefangen, Zorc bekam den Ball, und ich stand noch weit vor dem eigenen Kasten. Hätte er quer zu Chapuisat gespielt – ich bin mir sicher, das wäre das 3:1 gewesen. Er versuchte es aber direkt, und ich konnte gerade noch parieren.

Die letzten Sekunden liefen, wir bekamen noch einmal einen Eckball. Wieder ging ich mit nach vorn – das war ein spontaner Impuls, ich dachte, ich könnte etwas bewegen. Vorher abgesprochen war es nicht, auch dazu aufgefordert wurde ich nicht. Olaf Thon schlug die Ecke, von der rechten Seite, relativ kurz und weg vom Fünfer zu Linke, der verlängerte den Ball auf den langen Pfosten. Ich sprintete los, und ich wusste sofort: Den Ball erwischst du, den machst du rein – die Flugbahn war einfach ideal. Er kam direkt auf meinen Kopf, ich köpfte aus kurzer Distanz gegen die Laufrichtung vom Dortmunder Keeper Klos – 2:2!

Der Jubel war riesig, Olaf sprang mir in die Arme, andere folgten. Kurz darauf war dann auch Schluss. Wir nahmen einen Punkt aus dem Westfalenstadion mit und hatten Dortmund in der Tabelle auf Abstand gehalten. Es war mein letztes Derby im Schalker Trikot, im Jahr darauf ging ich nach Mailand, 1998 dann zum BVB. So schnell steht man auf der anderen Seite.

In der Kabine sangen meine Mitspieler ›Lehmann in den Sturm‹, was ein gängiger Slogan unter den Schalke-Fans war. Danach war Winterpause. «

Dat Dörbie
—————————————— *Mannis Kommentar*

Bestimmte Dinge machst du auf Schalke besser nicht: zum Beispiel mit schwarz-gelben Schuhen zum Training kommen. Genau das tat einmal der Peruaner Jefferson Farfán, dem zu Beginn seiner Schalker Zeit (2008–2015) die Rivaliät mit Lüdenscheid Nord noch nicht so recht bekannt war. In seiner

Welt ist nämlich mit »Derby« die Paarung Alianza Lima gegen Atlético Minero gemeint. Dass der BVB und die Farbkombination Schwarz-Gelb (zumindest in Gelsenkirchen) Scheiße sind, wusste er nicht. Nach kurzer, aber eindringlicher Belehrung konnte Farfán davon überzeugt werden, das Schuhwerk zu wechseln.

Die Maßnahme zeigte wenig Wirkung für Farfáns erstes Derby im September 2008: Die Schalker vergeigten in maßloser Arroganz in der letzten halben Stunde einen 3:0-Vorsprung und mussten sich mit einem 3:3 begnügen. Aber immerhin war mal wieder was los beim Revierderby, zwei Platzverweise und zwei Elfmeter gab's als Sahnehäubchen obendrauf.

Um die Jahrtausendwende, ziemlich bald nach Jens Lehmanns Kopfballtor, waren die Begegnungen Blau-Weiß gegen Schwarz-Gelb meistens fade Kickereien, bei denen noch nicht mal der Zeitungs-Boulevard in Wallung geriet. Da blieb als Reizpunkt fast nur die Geschichte von dem Opa, der seine Enkel um sich versammelt und mit salbungsvoller Stimmung anhebt: »Und nun erzählt euch Opa die Geschichte, wie Dortmund mal gegen Schalke gewonnen hat.« Das gab es nämlich zwischen November 1998 und Mai 2005 kein einziges Mal.

Diese nicht enden wollende Schmach wurde endgültig an jenem legendären 12. Mai 2007 getilgt, als Dortmund den Schalkern mit einem 2:0 die Meisterschaft versaute. Der Versicherungspark versank in Häme und Schadenfreude, eine Woche später, beim letzten Saisonspiel gegen Bielefeld, kreiste ein Flugzeug über der Schalker Arena mit dem Banner: »Ein Leben lang keine Schale in der Hand.«

Was treibt erwachsene Menschen zu solchen Aktionen? Warum erklärt der Chef des Schalker Aufsichtsrates einen Tabellenplatz »vor den Dortmundern« zum zweitwichtigsten Saisonziel? Weshalb weigern sich Hardcore-Schalkefans vorübergehend, das Parkstadion zu betreten, nur weil »Heulsuse Möller« vom BVB verpflichtet worden ist?

Wahrscheinlich geht's schlicht um das menschliche Grund-bedürfnis, die Bewohner des Nachbardorfes zu vermöbeln, und zwar nur deshalb, weil sie existieren. Völlig abgedreht und irrational, aber das ist wahrscheinlich tatsächlich das Grundmuster.

Wer das Ausmaß geistiger Dörbie-Verwirrung in seiner kompletten Bandbreite beobachten will, dem sei übrigens beim nächsten Ruhrpott-Gipfel das Internetradio des BVB empfohlen. Die dort agierenden Slapstick-Figuren rund um die BVB-Legende Nobby Dickel sind direkt dem Kuckucks-nest entsprungen, ihre Parteilichkeit und Identifikation mit Schwarz-Gelb überwinden regelmäßig locker die Grenzen der sportlichen Fairness. Dass der BVB sie gewähren lässt, ist ein Beweis dafür, dass der Wahnsinn auch vor höheren Eta-gen nicht haltmacht.

Dem Derby-Rivalen die Meisterschaft kaputt zu machen, funktioniert im Übrigen auch in die andere Richtung. Zehn Jahre nach dem peinlichen Schalker 0:2 in Dortmund, im Ap-ril 2019, gewann Schalke mit 4:2 beim BVB, zeigte dabei einen der ganz wenigen Lichtblicke in einer vollkommen verkorks-ten blau-weißen Saison und spuckte den Dortmundern ent-scheidend in die Meisterschaftssuppe.

Ewald Lienen
Norbert Siegmann, der »Schlitzer«

Am 14. August 1981 gewann Werder Bremen gegen Arminia Bielefeld mit 1:0. Das Ergebnis war allerdings Nebensache, denn in diesem Spiel foulte der Bremer Verteidiger Norbert Siegmann den Bielefelder Stürmer Ewald Lienen. Siegmanns Stollen fügten Lienen eine der spektakulärsten Verletzungen in der Geschichte der Bundesliga zu: eine 25 Zentimeter lange Fleischwunde, so tief, dass der Muskel zu sehen war. Der Anstifter für diese Körperverletzung saß nach Lienens Wahrnehmung an der Außenlinie: Bremens Trainer Otto Rehhagel.

» Wir Bielefelder waren an dem Tag gut ins Spiel gekommen: In der ersten Viertelstunde konnte ich meinem Gegenspieler Siegmann meiner Erinnerung nach einige Male entwischen. Vielleicht eine halbe Minute vor dem Foul holte Rehhagel Siegmann an die Linie und redete mit hitziger Mimik und Gestik auf ihn ein. Zur Unterstützung seiner Worte schlug der Trainer ein paar Mal mit der Faust in die offene Hand.

Dann erreichte mich ein Diagonalpass. Bei der Ballannahme sprang mir der Ball etwas vom Fuß, und Siegmann kam sofort von schräg vorne auf mich zugeflogen: mit hohem, gestrecktem Bein grätschte er in meinen Körper hinein und traf meinen rechten Oberschenkel.

Das war ein ungeheuerlicher und rücksichtsloser Angriff auf meine Gesundheit. Siegmann sagte hinterher, das sei keine Absicht gewesen, und das glaubte ich ihm auch:

Selbstverständlich ist er nicht mit der Absicht in den Zweikampf gegangen, mir in der Form den Oberschenkel aufzuschlitzen. Wer allerdings so in einen Gegner springt, der hat nicht unter Kontrolle, was passiert, und nimmt es zumindest billigend in Kauf, dass der Gegenspieler schwer verletzt wird.

Ich lag am Boden und sah mit Entsetzen, was Siegmann da angerichtet hatte. Gleichzeitig war mir sofort klar, dass es einen Zusammenhang zwischen dem Gespräch an der Außenlinie und der Attacke geben musste. Ich raste also so schnell, wie es mir meine Verletzung erlaubte, Richtung Rehhagel und beschuldigte ihn, Siegmann heißgemacht zu haben. Innerhalb von Sekunden entstand dort vor der Haupttribüne ein Riesentumult, unser Trainer Horst Franz schlug die Hände vors Gesicht, als er die hässliche Wunde sah. Gott sei Dank hatte die Verletzung keine schwerwiegenden Folgen, sechs Wochen später konnte ich schon wieder spielen. Aber weil es so grausam aussah und wegen meiner Vorwürfe in Richtung Rehhagel, gab es ein Wahnsinnsspektakel in den Medien. Die Bild-Zeitung baute Siegmann als eine Art Monster auf und brachte eine Serie unter der Überschrift ›Der Tritt‹.

Den Konflikt mit Otto Rehhagel habe ich schon ein paar Wochen später runtergefahren, wir haben uns auch später immer wieder getroffen und haben seit langen Jahren ein gutes Verhältnis zueinander. Weil es Drohungen gab, musste er beim Rückspiel allerdings mit kugelsicherer Weste auf der Trainerbank sitzen.

Norbert Siegmann hatte ich schon in den Siebzigern als – sagen wir einmal – ›Verteidiger der alten Schule‹ kennengelernt. In fast jeder Mannschaft gab es damals mindestens einen knallharten Abwehrspieler, vor dem man sich wirklich in Acht nehmen musste. Über Spieler dieses Schlages kursierte damals übrigens nicht ganz zufällig der herbe Spruch: Kein Mensch, kein Tier, die Nummer Vier.

Ewald Lienen –
auch mit tiefer
Fleischwunde
nicht zu bremsen

Heute ist der Vorfall von 1981 längst vergessen und vergeben. Wir haben uns ausgesprochen, und ich freue mich, dass
Norbert trotz all der Anfeindungen und dem übergroßen Me-
dienrummel seinen Lebensweg gefunden hat. Eine schöne
Pointe bekam ich damals noch frei Haus geliefert: Norbert
hatte sich bei mir in einem Brief entschuldigt, der über den
Bremer Vereinsanwalt lief. Dessen Adresse lautete: Knochen-
hauerstraße 14. «

Fußball, Politik und Flügelkämpfe
———————————— *Mannis Kommentar*

Ich habe es immer gehasst, den Fußball, ob's passte oder
nicht, in ein zeitgeschichtliches Korsett zu pressen: Paul

Breitner war nie ein Linker, geschweige denn Maoist, die deutsche Mannschaft, die 1972 Wembley erstürmte, spielte keinen Fußball à la sozial-liberale Koalition, und die Bayern unter Hitzfeld standen nicht für Shareholder Value und soziale Kälte.

Aber im Falle Ewald Lienen möchte ich – zumindest als Kampfthese – eine Ausnahme machen. Lienen war ein friedensbewegter Linker, und die Fußballreporter kamen sich immer sehr originell, vielleicht sogar mutig vor, wenn sie formulierten: »Jetzt Lienen am Ball, nicht nur auf dem Platz Linksaußen ...« Ha, ha, ha!

Politisch war der Ewald ein Exot, denn selbst in bewegten Zeiten war und ist der gemeine deutsche Fußballprofi im Normalfall unpolitisch, und wenn politisch, dann konservativ oder vielleicht bürgerlich-grün. Lienen mit dem haarigen Revoluzzer-Outfit bezog Ende der Siebziger, Anfang der Achtziger klar Position gegen den NATO-Doppelbeschluss, mit dem die NATO eine gewaltige Drohkulisse gegen die atomare Bedrohung aus dem Osten aufbaute. Die Bewegung gegen den atomaren Wahnsinn fand in Deutschland ihren ersten Höhepunkt im Oktober 1981, als 300 000 in Bonn gegen das Wettrüsten demonstrierten.

Genau in dieser aufgeheizten Phase bundesdeutscher Nachkriegsgeschichte schlitzt der Bremer Norbert Siegmann Ewald Lienens Oberschenkel auf. Und was tut Lienen nach der schmerzhaften Attacke mit den grausig anzuschauenden Folgen? Bleibt er zerstört am Boden liegen und lässt sich behandeln? Nein, er rast los wie von Sinnen, denn er weiß: Verantwortlich für den Mordanschlag auf den Friedensengel ist nicht der gemeine Soldat Siegmann, sondern der Drahtzieher im Hintergrund, der Heißmacher, der Anstifter: Otto Rehhagel, ein ruppiger Aufsteiger mit konservativem Weltbild.

Lienen bei Werder Bremen? Undenkbar, »König Otto« hätte ihn schon vor dem ersten Training ob seiner politischen An-

sichten vor versammelter Mannschaft als Spinner gebrandmarkt und ihn anschließend zum Friseur geschickt.

Die aggressive Konfrontation der beiden grundverschiede-
nen Typen an jenem 14. August 1981 hätte es ohne die aufgela-
dene Atomkriegsdiskussion jener Tage vielleicht gar nicht gegeben. Ein schlimmes Foul, eine hässliche Verletzung, die
üblichen Vorwürfe und Zeitungsartikel, aber nicht der Vul-
kanausbruch an der Seitenlinie. Der Fußballplatz war an dem
Tag, zumindest in der Wahrnehmung Ewald Lienens, eine
symbolische Kampfstätte zwischen friedfertigen Rüstungs-
gegnern und menschenverachtender Atomwaffenlobby, der
die Gesundheit und das Leben der Menschen schnurzegal ist.

Die Schlusspointe setzte später Norbert Siegmann, den sie
noch viele Jahre als »Schlitzer« stigmatisierten: Er wurde
nach langen Reisen durch den Fernen Osten ein erleuchteter
und gläubiger Buddhist. Er wandelt jetzt lächelnd als Rentner
ohne Auto und Fernsehen durch's Leben; mit Ewald Lienen
gab es einen sechsstündigen Friedensgipfel, der nichts anderem als der Harmonie der Menschheit diente.

Frank Mill

Wie ein Pfosten das perfekte Debüt vermasselte

Frank Mill hat in seiner Karriere zahlreiche Tore erzielt. Viele Fans erinnern sich aber vor allem an die Szene, als er am 9. August 1986 das leere Tor der Bayern verfehlte. Mill spricht noch einmal über seinen unvergessenen Pfostenschuss.

» Das erste Spiel der Saison war zugleich mein erstes Spiel für Borussia Dortmund, und es ging direkt zu den Bayern. Ich wollte natürlich zeigen, dass ich kein Fehleinkauf war, und war hoch motiviert. Die Münchner machten früh das 1:0 – was für mich als Stürmer nicht schlecht war, denn jetzt mussten wir offensiver spielen und ich sah mehr Möglichkeiten, um mich auszuzeichnen.

Eine solche Chance ergab sich bald: Die Bayern bauten an der Mittellinie eine Abseitsfalle auf, sie wurde aber durch einen langen Pass aus dem Mittelfeld ausgehebelt, die Abwehr passte nicht auf, und ich hatte plötzlich freie Bahn aufs Tor. Knapp vor dem heranstürmenden Jean-Marie Pfaff kam ich an den Ball und ließ ihn mit einer Körpertäuschung ins Leere laufen. Ich lief von rechts in den Bayern-Strafraum und stand kurz vor meinem ersten Tor für die Borussia. Die Fans jubelten bereits. Mir blieb genug Zeit, den Ball einfach einzunetzen.

Doch das war mir zu simpel. Ich wollte es machen wie Pierre Littbarski, der schiebt die Bälle auch nie einfach nur so rein. Von hinten kam Pfaff bereits wieder angerauscht. Ich wollte einen Schuss antäuschen, ihn aussteigen und ins leere Tor rutschen lassen. Ich wollte Pfaff lächerlich machen, wenn man so will. Doch ich kam nicht mehr richtig hinter den Ball, ich stand zu schlecht, und plötzlich stieg Panik in mir auf – Pfaff kam immer näher. Ich dachte – ich habe einfach zu viel gedacht in den Sekunden –, jetzt den Ball einfach nur noch rein ins Tor! Ich schoss aus drei Metern – und traf den rechten Pfosten.

Ich konnte es nicht fassen. Es war furchtbar, als ich begriff, dass der Ball nicht im Tor lag. Nicht Pfaff, sondern ich selbst hatte mich so unter Druck gesetzt. Kopf ausschalten und Ball reinschieben, das wäre es gewesen. Das Spiel endete 2:2, ich bereitete unsere Tore vor, aber davon spricht niemand mehr.

Kurz vor Ende wurde ich dann ausgewechselt, vermutlich, um mich vor den Journalisten zu schützen. Es half nichts, ich wurde zu dieser Szene rauf und runter befragt. In den Wochen und Monaten darauf rieb mir die Szene so ziemlich jeder unter die Nase, sogar am anderen Ende der Welt: In San Francisco sah ich im US-Fernsehen in einer Pannenshow einen deutschen Fußballer, der aus drei Metern das leere Tor nicht trifft. Nirgendwo war ich vor dem Spott sicher. «

Brief an Fränkie Mill

———————————————— *Mannis Kommentar*

Lieber Fränkie Mill,

ich möchte mich bei Dir entschuldigen, aber es musste leider sein. Was wäre ein Buch mit spektakulären Fußballszenen ohne Deinen Pfostenschuss in München? Ich kann es voll verstehen, dass es Dir »auf den Pinsel geht«, wie Du gesagt hast, wenn die Leute Dich immer wieder mit dieser peinlichen Nummer konfrontieren.

Denn Du hast ja so viele schöne Tore geschossen! Genau 201 in der Liga. Mit Deinem Partner Norbert Dickel, heute ein begnadeter Stadionsprecher, warst Du beim BVB ein geniales Duo, und beim legendären Pokalgewinn der Borussia 1989 hast Du Dich im Finale auch mit einem Tor in die Liste eingetragen.

Aber eins muss ich Dir schon noch sagen: Du bist letzten Endes nicht Opfer Deiner Nerven, sondern Deiner Schlitzohrigkeit geworden. »Der Fränkie«, hat Nobby Dickel mal gesagt, »der ist mit allen Abwässern gewaschen.« Die Abwässer sind Dir damals in München zum Verhängnis geworden; denn mal im Ernst: Wer den Gegner verarschen und dabei noch die künstlerische Bestnote rausholen will, der gehört bestraft! Von wegen Ball zwischen die Beine klemmen und dann noch einen schönen Übersteiger!

Vielleicht hilft Dir ja nach all den Jahren auch die sehr praxisnahe Theorie, die der schlaue Journalist Dirk Schümer entwickelt hat: Fußball ist für ihn die »Kunst des Scheiterns«; das heißt, im Normalfall funktioniert das Fußballspiel nicht so, wie es die Spieler wünschen. Der Schuss geht neben das Tor, der Pass landet beim Gegner, die Flanke geht weit ins Aus. Das Faszinierende am Fußball ist, so sagt es Schümer, »die Differenz zwischen dem zu erwartenden Scheitern und dem unwahrscheinlichen Gelingen«. Wenn Du länger über diesen Satz nachdenkst, lieber Fränkie, siehst Du ein Fußballspiel und auch Dein Versagen von 1986 mit ganz anderen Augen.

Viele Fans gehen ins Stadion und haben den perfekten Fußball im Kopf. Und wenn sich die Realität dann so präsentiert wie meistens, sind sie enttäuscht. Eine viel zu hohe Erwartungshaltung! Fehlpässe über zehn Meter sind die Normalität, mit der wir uns abzufinden haben. Wer das nicht will, soll sich auf die acht Minuten Zusammenfassung in der Sportschau beschränken. Gegen diese tiefe Erkenntnis vom Wesen des Fußballs hilft kein Rebellieren. Denn was ist schon von einer Sportart zu halten, in der eine Kugel, das Sinnbild der

Perfektion, von einem grobmotorischen Körperteil wie dem Fuß bewegt werden soll. Hast Du, Fränkie, schon mal gehört, dass die Beethovensonaten von zwei Füßen gespielt worden sind?

Also gräme Dich nicht, aber finde Dich einfach damit ab, dass die Menschen auch weiterhin nach Deinem Pfostenschuss vom 9. August 1986 fragen. Du hast jetzt philosophische Erkenntnisse, die Dir Gelassenheit verschaffen.

Sportliche Grüße
Dein Manni

Harald Schumacher
»Das Monster von Sevilla«

8. Juli 1982: Im dramatischen WM-Halbfinale von Sevilla besiegte Deutschland Frankreich mit 8:7 nach Elfmeterschießen. Nach 90 Minuten hatte es 1:1 gestanden, die Franzosen führten in der Verlängerung mit 3:1, Resultat nach 120 Minuten: 3:3. Negativer Höhepunkt des Spiels: In der 57. Minute beförderte der deutsche Torhüter Harald Schumacher den Franzosen Patrick Battiston mit einer wilden Sprungattacke ins Krankenhaus. So sieht Schumacher es heute:

» Eines will ich mal vorab sagen: In einer solchen Situation wie damals würde ich heute wieder genauso hingehen. Es stand 1:1, wir wollten ins WM-Finale, und nach einem Steilpass kam Patrick Battiston im Vollsprint auf mich zugespurtet. Ich stand da wie eine Art Libero und wollte die Situation rechtzeitig entschärfen. Ja, ich bin mit angezogenen Knien hochgesprungen, aber zeigen Sie mir einen Torwart, der da mit hängenden Beinen hochgeht. Das ist auch so eine Art Selbstschutz; wir hatten ja 1982 noch nicht einmal den heute gängigen Unterleibsschutz.

Als ich Battiston auf mich zufliegen sah, habe ich mich noch instinktiv etwas weggedreht. Ich traf ihn mit der Hüfte, der Ball trudelte fast gleichzeitig knapp am Tor vorbei. Die Szene danach tut mir heute noch leid. Denn als Battiston ohnmächtig am Boden lag, bin ich nicht zu ihm gegangen. Das war nicht richtig, dass ich da so lässig am Pfosten stand und den Ball aufgetippt habe. Das war eine Mischung aus Verle-

»Ich zahle ihm die beiden Jacketkronen.«

genheit, Angst und Feigheit. Von meinen Mannschaftskameraden kam keiner zu mir, um die Situation zu besprechen.

Im Krankenhaus habe ich Battiston auch nicht besucht, aber auch in dem Punkt gab es keinerlei Anregung oder Unterstützung aus dem DFB-Team. Nach dem Schlusspfiff kamen die Journalisten auf den Platz gestürmt, das wäre heute vollkommen undenkbar, und in der Situation habe ich den Spruch gemacht, ich würde ihm die Jacketkronen für die zwei verlorenen Zähne bezahlen.

Glauben Sie mir, das war keine Häme! Die Verletzung sah so schlimm aus, da war ich schlicht erleichtert, als sie mir sagten, ich hätte ihm ›nur‹ die beiden Zähne ausgeschlagen. Außerdem: Wir waren gerade nach sensationellem Spielverlauf mit Elfmeterschießen ins Finale eingezogen. Da haust du auch schon mal einen unbedachten Adrenalin-Spruch raus.

Die Wochen danach waren die Hölle. Ich war die ›deutsche Bestie‹, das ›Monster von Sevilla‹. Zwei Jahre später spielten wir in Straßburg gegen die Franzosen; noch da bewarfen sie mich kiloweise mit Obst und zeigten im Stadion einen Galgen mit einer Schumacher-Puppe. Mit Battiston gab es später eine Versöhnung, gegen meinen Willen mit großem Medienauflauf – Freunde sind wir danach aber nicht geworden. «

So sah ich Schumacher 1982
—————————— *Mannis Kommentar*

Das Drama von Sevilla erlebte ich vor dem Fernseher in einem stickigen Hotelzimmer in Barcelona, zusammen mit den mittlerweile verstorbenen Kollegen Armin Hauffe und Kurt Emmerich. Wir hatten am späten Nachmittag im Nou Camp das andere Halbfinale zwischen Polen und Italien (0:2) übertragen. Die Klimaanlage im Hotel war ausgefallen, und wir waren so sauer, dass wir in einem gemeinsamen Kraftakt die Minibar auf null brachten, ohne am nächsten Tag dafür zu bezahlen. Außerdem drückten zumindest Hauffe und ich den Franzosen die Daumen und mussten am Ende geradezu widerwillig einräumen, ein großes Spiel der deutschen Mannschaft gesehen zu haben.

Warum wir – mit Ausnahme des wackeren Patrioten Emmerich – von der deutschen Fahne flüchteten? Weil wir schlicht genug hatten von den Eskapaden und miesen Leistungen der Derwall-Truppe. Schon die Vorbereitungsphase am Schluchsee (intern nur »Schlucksee« genannt) glich eher einem von einer Whisky-Firma gesponserten Zocker-Turnier als einer seriösen Vorbereitung auf eine WM. Und dann gab es so furchtbare Spiele wie das 1:2 gegen Algerien und das 1:0 gegen Österreich, die »Schande von Gijón« (siehe dazu auch Seite 209).

Ich war damals WM-Novize am Mikrofon und kriegte es knüppeldick ab: Die Vorrunde verbrachte ich überwiegend in Galizien (Vigo und La Coruña), wo ich die Gruppe mit Italien, Polen, Kamerun und Peru betreute. Da war »Spitzenfußball« garantiert, und so endeten denn auch von den sechs Spielen drei torlos remis.

Die deutschen Begegnungen, die ich zugeteilt bekam, waren dann auch logischerweise das Algerien- und, noch schlimmer, das Österreich-Spiel. Das Schicksal und meine Chefs meinten es 1982 nicht gut mit mir. Da passte das brütend heiße Hotelzimmer in Barcelona perfekt in den Rahmen. In der Hafenstadt Vigo hatte ich immerhin in einem noblen Schuppen gewohnt, der allerdings den sexhungrigen Seeleuten auch als Bordell diente.

Als wir dann die brutale Aktion von Toni Schumacher mit ansehen mussten, werteten zumindest Armin Hauffe und ich den Vorfall als Zeichen dreister Disziplinlosigkeit und als weiteren Anreiz, auf Distanz zur deutschen Mannschaft zu gehen. Mich hat damals noch nicht einmal die Finalniederlage gegen Italien besonders geärgert; ich empfand sie als gerechte Strafe. Diese Partie sah ich schon zu Hause in Deutschland im Fernsehen. Das großzügige Angebot, am Vorabend das Spiel um den dritten Platz zwischen Frankreich und Polen zu übertragen, hatte ich zuvor abgelehnt.

Zum ersten Mal bei einer WM am Mikrofon! Meine persönliche Bilanz war enttäuschend; aber immerhin hatte ich in Madrid die Rolling Stones gesehen und aus Barcelona das Rezept für Rinderfilet mit Roquefort-Sauce mitgebracht. Manchmal gibt es eben wichtigere Dinge als Fußball.

Deutschland gegen Italien
High Noon in Mexiko

Das WM-Halbfinale zwischen Italien und Deutschland bei der WM in Mexiko 1970 ging als »Jahrhundertspiel« in die Fußballgeschichte ein. Es wurde bei brütender Hitze am 17. Juni um 16 Uhr Ortszeit vor 102 444 Zuschauern im Aztekenstadion in Mexiko-Stadt angepfiffen. Die Italiener gewannen die Partie mit 4:3 nach Verlängerung. Reporter und Spieler haben unterschiedliche Erinnerungen; denn es ging ja erst in der Verlängerung so richtig rund.

»Nach 90 Minuten hatte es noch 1:1 gestanden. Doch dann fielen fünf Tore in 16 Minuten. Die Torfolge:

    1:0 Boninsegna (7.)
    1:1 Schnellinger (90.)
    1:2 Müller (95.)
    2:2 Burgnich (99.)
    3:2 Riva (104.)
    3:3 Müller (109.)
    4:3 Rivera (111.)

Der deutsche Radioreporter Kurt Brumme verlor zuerst den Überblick und dann die Fassung: ›Tor durch Müller, Kopfball Uwe Seeler, Kopfball Müller, im Hechtsprung durch drei Italiener hindurch ins Netz – 3:3 unentschieden. Die Italiener greifen an, Boninsegna, und Tor für Italien. Eben noch Hochstimmung, nein, das können die Nerven von normalen Schlachtenbummlern gar nicht mehr ertragen.‹

Während der regulären Spielzeit hatten die Italiener durch begnadete schauspielerische Einlagen versucht, Zeit zu schinden. O-Ton Brumme: »»Mein Gott, ist das ein Fußball hier. Das ist ja entsetzlich, das ist ja widerlich. Burgnich ist soeben verstorben, sehe ich. Nein, da kommt er wieder.‹

Nach dem Schlusspfiff hatte sich der Reporter aber wieder gefangen: ›So dramatisch und unglücklich hat noch keine deutsche Mannschaft verloren. Selbst die deutsche Mannschaft in Wembley nicht. Sie verloren, weil sie keine Kraft mehr hatten. Sie haben alles gegeben, was sie hatten. Die Italiener haben sie mit kalten Konterzügen matt gesetzt. Italien, das zwar nicht den besseren, aber den klügeren Fußball gespielt hat, zieht ins Endspiel ein.‹

Karl-Heinz Schnellinger spielte 1970 für den AC Mailand. Sein 1:1 kurz vor Schluss entlockte dem Fernsehkommentator Ernst Huberty die zwar nicht sehr originelle, aber als fußballhistorisch geltende lakonische Formulierung: ›Ausgerechnet Schnellinger!‹

Ebendieser rot-blonde Deutsche goss 36 Jahre nach dem Ereignis in einem Interview mit dem Handelsblatt Wasser in den Jahrhundertspiel-Wein: ›Verzeihen Sie mir den Ausdruck, aber in den ersten 90 Minuten war es ganz einfach ein Scheiß-Spiel. Da ist nicht viel passiert. Hätte es nicht die Verlängerung gegeben, würde heute kein Hahn mehr danach krähen. Was dann geschah, war ja tatsächlich unglaublich spannend.‹ «

Jahrhundertspiel? Nein danke!
———————————————— *Mannis Kommentar*

Ich weiß nicht, ob es Sie interessiert, aber als die Italiener 1970 das 4:3 machten, warf mein Onkel Heinz, Gott sei seiner geschundenen Seele gnädig, ein Bierglas an die Wand. Ein volles Bierglas! Die Schilderung der anschließenden Ehekrise erspare ich mir, aber die Erinnerung an den Glaswurf beweist: Ich kann mich noch genau daran erinnern, wo und wie ich das Spiel verfolgt habe.

Vielen anderen – allerdings nur den mittlerweile betagten! – Fußballfans geht es genauso. Italien gegen Deutschland 1970 hat sich offensichtlich so in die Gehirne eingegraben wie die Mondlandung, der Fall der Mauer oder der erste Wimbledon-Sieg von Boris Becker. Trotzdem habe ich als routinierter Bedenkenträger Probleme mit dem Begriff »Jahrhundertspiel«. Dass die Mexikaner eine Gedenktafel im Aztekenstadion angebracht haben, möchte ich nicht als Indiz gelten lassen. Mexikaner würden auch Tafeln annageln, wenn einer der ihren als erster eine ganze Flasche Tequila in sechzig Sekunden geleert hätte.

Ein »Jahrhundertspiel« ist auch immer einer Frage der Perspektive. Für geschichtsbewusste BVB-Fans ist das legendäre 5:0 der Dortmunder 1963 gegen die damaligen Giganten von Benfica Lissabon ganz bestimmt ein solches. Anhänger der Frankfurter Eintracht schwärmen noch heute, auch wenn sie damals noch nicht einmal in der Planung waren, vom Europapokal-Finale 1960 gegen Real Madrid vor 134 000 Zuschauern in Glasgow. Trotz der Frankfurter 3:7-Niederlage. Was war das für ein Super-Ding, als Bayer Uerdingen die Ost-Kicker von Dynamo Dresden trotz 1:3-Hinspielniederlage mit 7:3 aus dem Europapokal warf! Vielleicht kriegt mittlerweile das deutsche 7:1 gegen Brasilien bei der WM 2014 die höchste Zustimmung, wenn nach dem absoluten Jahrhundertspiel gefragt wird. Der Bürgermeister des niedersächsischen Drochtersen dürfte das anders sehen. Als im August 2018 der ruhmreiche FC Bayern München anläßlich der ersten Hauptrunde im DFB-Pokal in Drochtersen vorbeischaute, war das für den lokalen Würdenträger sein Jahrhundertspiel.

Nun bin ich dummer weise der erste Vorsitzende des Vereins gegen Superlative. In dieser Eigenschaft überlasse ich die größten, dicksten, dollsten und sensationellsten Dinger lieber den dafür zuständigen Medien auf dem Boulevard der Superlative. Aber abseits aller Begrifflichkeiten und Etiketten war es natürlich ein schier unglaubliches und dramatisches Spiel: eine Hitzeschlacht um die Mittagsstunde, wankende Spieler, die sich am Ende nur noch in Zeitlupe bewegten, Beckenbauer mit dem Arm in der Schlinge wie ein heroischer Feldherr kurz vor dem Heldentod auf dem Feld der Ehre.

Und dann ging es auch noch um den Einzug ins WM-Finale, es standen sich zwei alte europäische Rivalen gegenüber – noch ein Schüppchen mehr Bedeutung. Und erst mal die Dramaturgie! Kein Spiel für Schöngeister und Sauna-unterste-Stufe-Sitzer: Ausgleich in der Nachspielzeit, dann fünf Tore in sechzehn Minuten, du kamst aus dem Aufspringen und Rumbrüllen gar nicht mehr raus.

Hohes Spieltempo war allerdings bei 35 Grad im Schatten nicht zu erwarten, in den Siebzigerjahren aber auch bei mäßigeren Temperaturen nicht üblich. Sehr auffällig ist allerdings, dass die Herren Verteidiger bei buchstäblich jedem der sieben Tore herumstümpern wie Karl-Heinz Förster in der Endphase. Das gibt Punktabzug!

Das war's dann aber auch schon mit der Nörgelei: Wer bei Deutschland gegen Italien 1970 mitgefiebert hat, wird es nie vergessen, dieses nicht enden wollende Hinfallen und Wiederaufstehen von 22 Deutschen und Italienern, ob Jahrhundertspiel oder nicht. Wenn es jemals in der Geschichte des Fußballs ein Match gab, das keinen Sieger verdient hatte, dann diese zermürbende Auseinandersetzung im Glutofen namens Aztekenstadion.

Lars Ricken

»Lupfen jetzt, jaaaa!«

Im Finale der Champions League zwischen Borussia Dortmund und Juventus Turin am 28. Mai 1997 schoss der wenige Sekunden zuvor eingewechselte Lars Ricken das 3:1 und sorgte damit für den Titelgewinn. Wie sieht er sein Tor heute?

» Mit meinem Namen verbinden die meisten Menschen seltsamerweise den Edeljoker, der nach der Einwechslung die wichtigen Tore macht. Das war zweimal der Fall: 1994 gegen La Coruña und eben 1997 gegen Juve. Dabei habe ich bei anderen wichtigen Toren gegen Auxerre, Bukarest oder Manchester stets von Anfang an gespielt.

Natürlich war ich enttäuscht, als Hitzfeld mir sagte, dass ich im Finale nicht in der Startelf stehen würde, schließlich hatte ich gegen Manchester das entscheidende Tor gemacht. Aber man muss auch sehen, was für eine Top-Mannschaft wir damals hatten: Kohler, Möller, Riedle, Chapuisat, Sammer. Und die waren im Finale in München alle fit und gesetzt. Und als wir dann schnell 2:0 in Führung gingen, hat mir das Spiel auch von der Bank aus Spaß gemacht. München lag uns: Hier hatten wir schon die Meisterschaft 1995/96 durch ein Unentschieden gegen die Löwen gesichert.

Meine Stärke ist sicher meine Flexibilität, ich kann auf vielen Positionen spielen, und so rechnete ich mit einem späten Einsatz. Damals gab es das Golden Goal noch, und Kohler hatte in einem Interview vorher noch gesagt: ›Wenn es einer macht, dann Lars.‹ Ich hatte mir einen Ruf als Mann für die

Erster Ballkontakt Sekunden nach der Einwechslung –
Rickens Tor zum Titel

wichtigen Tore erarbeitet. Ich weiß noch, wie mir schon von
der Bank aus auffiel, dass Peruzzi oft weit vor dem Tor stand,
und ich sagte zu den Jungs auf der Bank, dass ich meinen ersten Schuss blind aufs Tor hauen werde …

In der Halbzeit war die Stimmung gut, aber natürlich
auch trotz des 2:0 angespannt. Wir waren unter Druck, da
wir in der Liga nicht gut dastanden und die Champions
League als Chance sahen, um auch nächstes Jahr wieder in-
ternational mit von der Partie zu sein. Juve drückte, es fiel
der Anschlusstreffer. Dann wurde ich eingewechselt, lief ein
paar Schritte, bekam den Ball von Möller in den Lauf gespielt und machte das, was ich mir vorgenommen hatte: den
Ball aufs Tor hauen – und er ging rein. Fans sagten mir später immer wieder, dass sie sich entsetzt und mit Ausrufen
wie ›Was macht der für einen Scheiß‹ abwandten – um dann

in Jubel auszubrechen, als sich das Leder über Peruzzi hinweg ins Netz senkte. Für meine Ehrenrunde sah ich noch Gelb, doch das war mir herzlich egal. Ich spürte, das war die Entscheidung.

Auch wenn es das wichtigste Tor meiner Karriere war, betrachte ich es im Nachhinein relativ gelassen. Doch nicht immer. Es gab damals eine Live-Übertragung des Spiels auf dem Friedensplatz in Dortmund, und nach dem Anschlusstreffer von Juve interviewte ein Sender Fans, die schon etwas resignierten und mit dem Schlimmsten rechneten – und genau in solch ein Interview fällt mein Tor, und was dann folgt, ist unbeschreiblicher Jubel. Wenn ich sehe, wie ich die Menschen mit meinem Tor bewegt habe, wie wichtig der BVB für sie ist, dann läuft es mir schon kalt den Rücken herunter. Und viele Fans sprechen mich heute noch an und erzählen mir, wo und wie sie das Tor erlebt haben. «

Lars Ricken: der Dortmunder an und für sich
—————————— *Mannis Kommentar*

Dortmund als schöne Stadt zu bezeichnen wäre eine Spur übertrieben. Es gibt ein paar hübsche Ecken, den Alten Markt, das Kreuzviertel mit einer ansehnlichen Kneipenszene beispielsweise. In Dortmund ist immer was los, hier kannst du auf dem Westenhellweg wunderbar einkaufen, im neuen Konzerthaus Musik hören; der riesige Weihnachtsmarkt präsentiert den höchsten Weihnachtsbaum der Welt. Dortmunder Bier gibt es trotz des Niedergangs der Brauereiwirtschaft immer noch.

Dortmund hat aber vor allem die Westfalenhalle, ein gigantisches Stadion und den BVB. Diesen Club liebt der Dortmunder abgöttisch, aber auch sonst sind die meisten der 580000 Dortmunder große Lokalpatrioten, fast schon so wie die Kölner. Und damit wären wir beim Phänomen Lars Ricken. Lars ist ein typischer Dortmunder, stammt aus dem Arbeiterstadtteil Eving, und er wird aller Wahrscheinlichkeit nach später auch in Dortmund die Augen für immer schließen. Ricken gehört seit 1990 zum BVB, 301 Bundesligaspiele hat er für den Verein gemacht, er half entscheidend mit, die Champions League zu gewinnen, war bei den drei Meisterschaften 1995, 1996 und 2002 dabei und ist seit Juli 2008 Nachwuchskoordinator des Vereins. An diesem Zustand wird sich angesichts der ständigen Verlängerungen seines Vertrags nach menschlichem Ermessen auch nichts ändern. Ricken wurde früh hochgejubelt, gefeiert, gedemütigt, aussortiert, aber nie kam er ernsthaft auf die Idee, die Stadt und den Verein zu verlassen. Seine Verwurzelung und Bodenständigkeit weckt Erinnerungen an den Ur-Hamburger Uwe Seeler in den Sechzigerjahren.

Ricken startete 1994 als Wunderkind, verfolgt von kreischenden Teenies und Bravo-Redakteuren; er gab einen Heavy-Metal-Sampler namens »Lars Rickens Hot Shots« heraus. Dreizehn Jahre später versetzte ihn Trainer Thomas Doll, nachdem sich Ricken nach einem Kreuzbandriss wieder langsam herangekämpft hatte, in die Regionalligamannschaft. Selbst da hätte der Dortmunder noch die Chance gehabt, bei einem anderen Verein zu unterschreiben und es allen noch mal zu zeigen. Aber Lars Ricken blieb einfach da, wo er nach tiefster eigener Überzeugung hingehört. Ob das als bewundernswert oder lächerlich unflexibel gewertet werden muss, ist zweitrangig. Auf jeden Fall ist es authentisch.

Rickens größter Aufreger abseits des Fußballplatzes war 1997 der berühmte Nike-Werbespot, auf den er heute noch angesprochen wird. In dem auf bedeutungsschwanger gemachten Filmchen prangerte er die »Typen in Nadelstreifen« und »die Geschäftemacherei ohne Ende« im Fußball an. Das war dann nicht mehr ganz so authentisch, denn ein Rebell und

Systemkritiker ist Lars Ricken nie gewesen. Die späte Pointe: Ricken gehört jetzt in seiner Funktion für den Ballspielverein Borussia 09 selber zur Nadelstreifenfraktion. Er kommentiert das lächelnd: »Wir müssen alle flexibel sein.«

Horst-Dieter Höttges
England, Weltmeister per Lattenschuss

*Durch das umstrittene Wembley-Tor zum 3:2 im Finale am
30. Juli 1966 gegen Deutschland stellte England die Weichen
auf WM-Sieg. Der Verteidiger Horst-Dieter Höttges lässt die
Szene noch einmal Revue passieren:*

» Das Halbfinale gegen die Sowjetunion musste ich von der
Bank aus verfolgen, ich hatte mich am Knöchel verletzt. Es
war meine erste WM und ich war enttäuscht, dass das Turnier
für mich gelaufen schien. Aber wir erreichten das Finale, und
auch wenn ich noch nicht wieder hundertprozentig fit war,
hat mich Helmut Schön überredet, im Finale zu spielen. Überredet ist gut, welcher Spieler lässt sich ein WM-Finale schon
entgehen? Zumal mit meinen erst 23 Jahren. Und im Turnier
hatte ich bislang auch gut gespielt.

Im Finale gegen England dann aber nicht mehr. Mein Gegenspieler Geoffrey Hurst machte drei Tore, da kann man als
Verteidiger nicht zufrieden sein. Eines davon wurde zum
wohl berühmtesten und umstrittensten Tor der Fußballgeschichte. Mit einem 2:2 ging es in die Verlängerung, vielleicht
waren wir dann etwas leichtsinnig wegen des späten Aus-
gleichs und fühlten uns im Vorteil. In der 101. Minute bekam
dann Hurst den Ball im Sechzehner und zog ab. Von der Un-
terkante der Latte sprang der Ball auf den Boden und von dort
wieder in den Fünfmeterraum zurück, Wolfgang Weber re-
agierte am schnellsten und köpfte ihn ins Aus. Die Frage war
nur: War der Ball auf oder hinter der Torlinie aufgekommen?

Der Schweizer Schiedsrichter Gottfried Dienst wollte erst Eckball geben, schaute aber noch zu seinem sowjetischen Linienrichter. Der zeigte jedoch zum Mittelpunkt – dieser Geste vertraute der Schiedsrichter. Beraten konnten sich die beiden nicht, sie sprachen keine gemeinsame Sprache ... Dienst entschied also auf Tor und stellte somit die Weichen für den englischen Sieg.

Aber war der Ball wirklich drin? Ich weiß es nicht, ich hatte den Rücken zum Tor gedreht und konnte es nicht sehen. Heute gilt es als erwiesen, dass der Ball die Torlinie nicht überschritten hat. Das ›Wembley-Tor‹ war also kein Tor. Damals mussten wir die Entscheidung jedoch akzeptieren, und das taten wir und warfen noch mal alles nach vorne. England nutzte das aus, erhöhte auf 4:2 und holte sich den Titel.

Natürlich waren wir enttäuscht, wir hatten unser Ziel nicht erreicht, aber Helmut Schön lobte unseren Kampfgeist, in Deutschland wurden wir jubelnd empfangen. Und auch ich bekam meine Revanche: Im Qualifikationsspiel 1972 in London trafen wir wieder auf die Engländer, wieder war Hurst mein Gegenspieler – und diesmal schaltete ich ihn so gut aus, dass er zur Halbzeit ausgewechselt wurde. Wir gewannen 3:1. Und wir wurden später dann auch Europameister. **«**

Wembley-Tor – ein Etappensieg im Kalten Krieg?
——————————— *Mannis Kommentar*

Es gibt kein Ereignis im Weltfußball, um das sich so viele Geschichten und Legenden ranken wie um das Wembley-Tor. Dass der Ball nicht drin war, muss seit 2008 als geklärt gelten. Damals tauchte ein Video eines Schweizer Hobbyfilmers auf, der im Stadion seitlich kurz vor der Torauslinie gesessen haben muss. Die Bilder sind sehr eindeutig. Das unterscheidet sie vom höchst unterschiedlichen Meinungsbild in den vierzig

Jahren vorher. Am skurrilsten war am Tag nach dem Finale die Wortmeldung des schon etwas tüddeligen deutschen Staatsoberhauptes Heinrich Lübke, der den Ball im Tor gesehen haben wollte. Diese Meinung verband ihn mit den Reportern der Jungen Welt, der Zeitung der DDR-Jugendorganisation FDJ. »Der Ball sprang hinter die Torlinie und dann durch Effet-Wirkung wieder ins Feld«, schrieben die linientreuen (!) Sozialisten. Auch der Sport wurde damals von beiden Seiten missbraucht, um die Überlegenheit der jeweiligen Staats- und Gesellschaftsordnung zu belegen. Deshalb wäre es undenkbar gewesen, dass die Junge Welt-Schreiber den Ball vor der Linie gesehen hätten. Als Willi Daume, der Präsident des bundesdeutschen Nationalen Olympischen Komitees, die Kugel öffentlich nicht im Tor sah, wurde er umgehend vom SED-Organ Neues Deutschland zum »Kronzeugen der kalten Fußballkrieger« befördert.

Auf diesem ideologisch gedüngten Boden gedeihen auch die Verschwörungstheorien rund um den schnauzbärtigen Linienrichter Tofik Bachramow aus der damaligen Sowjetrepublik Aserbaidschan. Schon seine Teilnahme am Finale soll er sich durch die Gabe von zwei Dosen Kaviar an einen FIFA-Funktionär gesichert haben. Die Frage, warum er dem Schweizer Schiedsrichter Gottfried Dienst »Is Gol, Gol, Gol!« zugerufen haben soll, beantwortete er mal so, mal so. Besonders beeindruckend war seine Aussage, er habe auf Tor entschieden, nachdem er die euphorischen Reaktionen der Engländer und die Niedergeschlagenheit der Deutschen gesehen habe. Kurz vor seinem Tod 1993 soll in einem Interview das Wort »Stalingrad« gefallen sein. Durften die Deutschen nicht gewinnen, weil sie den Krieg vom Zaun gebrochen und großes Leid über die Völker der Sowjetunion gebracht hatten?

Auf all die wahnwitzigen Geschichten und Legenden müssen wir schon seit geraumer Zeit verzichten. Heute macht das magische Auge »Piep« und der Drops ist gelutscht. Womit wieder einmal der Beweis erbracht wird, dass der technische Fortschritt auch ein Angriff auf das pralle und bunte Leben sein kann.

Jürgen Sparwasser
Ein historisches Duell

Bei der Weltmeisterschaft 1974 fand am 22. Juni in Hamburg das historische deutsch-deutsche Duell statt. Jürgen Sparwasser schoss das einzige Tor des Spiels und damit die DDR zum Sieg.

» Es gibt drei Tore, über die deutsche Fußballfans ewig diskutieren: das 3:2 von Helmut Rahn 1954, das Wembley-Tor von 1966 und meines bei der WM 1974. Auch wenn für mich persönlich mein 2:1 für Magdeburg gegen Sporting Lissabon noch wichtiger war, denn damit machten wir den Einzug ins Finale des Europapokals klar. Aber das andere Tor hatte eine politische Brisanz. Die Stimmung wurde besonders von den westdeutschen Medien angeheizt, allen voran von der Bild-Zeitung. Aber auch in der restlichen Welt wurde das Spiel mit Spannung erwartet.

Wir waren uns unserer Außenseiterrolle natürlich bewusst, aber wir wussten auch, was wir können. Nicht nur auf Vereinsebene, auch mit der Nationalmannschaft hatten wir zuvor gute Leistungen gezeigt – es wurde einfach höchste Zeit, dass wir mal bei einem großen Turnier dabei waren. In der BRD wurden diese Leistungen jedoch kaum anerkannt. Unser Europapokalsieg mit Magdeburg war dem Kicker fünf Zeilen wert.

Das Spiel selbst war unglaublich fair. Es ging nahezu freundschaftlich zu – vielleicht auch deshalb, da beide Teams schon für die nächste Runde qualifiziert waren. Bei vergebenen Torchancen wurde sich auch mal zugeschmunzelt. Vor und nach dem Spiel gab es Shakehands. Auch die jeweiligen Kommentatoren Werner Eberhardt und Heribert Faßbender hielten sich mit politischen Statements zurück, um die Brisanz nicht zu verstärken. In der ersten Halbzeit waren wir die spielbestimmende Mannschaft – eine Führung zur Halbzeit wäre nicht unverdient gewesen. Die enttäuschende westdeutsche Mannschaft wurde mit einem Pfeifkonzert in die Kabinen geschickt. Das 1:0 schließlich in der 78. Minute könnte ein Lehrbeispiel für einen gelungenen Konter sein.

Nach dem Spiel kam ich vor lauter Trubel erst lange nach den anderen vom Platz, und schon abends merkte ich die Folgen meines Tores: Ich wollte mit zwei Mitspielern noch auf

Sepp Maier, Berti Vogts und Horst-Dieter Höttges haben gegen Jürgen Sparwasser das Nachsehen.

die Reeperbahn, sie mochten mich aber nicht mitnehmen – es war ihnen zu gefährlich, sich mit mir zu zeigen.

Im Nachhinein wäre der zweite Gruppenplatz besser für uns gewesen, denn dann hätten wir die Top-Gruppe mit Brasilien, Niederlande und Argentinien umgehen können. Und dann wäre auch die westdeutsche Mannschaft nicht Weltmeister geworden, da gehe ich jede Wette ein.

Das Tor war später nicht nur Segen für mich, auch wenn es mir weltweite Anerkennung gebracht hat. Mein Tor wurde als Propaganda genutzt und in der ›Sportschau‹ jahrelang im Vorspann gezeigt – was einige Landsleute bald genervt hat. Auch sind Gerüchte gestreut worden, dass ich Auto, Haus und Prämie für das Tor bekommen hätte. Selbst die DDR-Oberen haben meine ›Verdienste‹ bald vergessen: In Magdeburg gingen sie ziemlich ruppig mit mir um und beförderten so meinen Wunsch, in den Westen zu wechseln. Dieses Tor bei der WM werde ich aber trotzdem nicht los. Wenn auf meinem Grabstein später nur ›Hamburg 1974‹ stehen würde, dann wüsste trotzdem jeder, wer drinliegt. **«**

Sparwassers Tor für die Ewigkeit
———————————— *Mannis Kommentar*

Wieder so ein Fußballspiel, bei dem alle sich genau erinnern können, wo sie es gesehen haben. Ich war 1974 für solche wichtigen Spiele am Mikrofon noch nicht vorgesehen und guckte BRD gegen DDR zusammen mit Studienkumpels in einer Kneipe im schönen Marburg.

Die Probleme fingen schon an bei den Namen der beiden staatlichen Gebilde, die da aufeinandertrafen. BRD galt als kommunistischer Kampfbegriff. Deutschland vielleicht? Die anderen waren ja auch Deutsche! Bundesrepublik Deutschland? Viel zu umständlich. Und die aus dem Osten? DDR oder, wie die Springer-Zeitungen schrieben, »DDR«? Aber sprich mal Gänsefüßchen aus! Ostdeutschland? Vielleicht gar – wegen der ehemals deutschen Gebiete in Polen – Mitteldeutschland? Das war die Sprache der Vertriebenenfunktionäre. Zone ging gar nicht mehr, das war den ganz, ganz kalten Kriegern vorbehalten.

Wir linken Studenten lagen alle vor Lachen am Boden, als ZDF-Kommentator Werner Schneider anhub und tatsächlich sagte: »Nach Rücksprache mit namhaften Staatsrechtlern hat das ZDF sich dazu entschlossen, ›DDR‹ zu sagen.« Was für eine todesmutige Entscheidung, Hut ab, darauf noch eins von diesem scheußlichen hessischen Pils!

Was folgte, war ein grausiger Auftritt der Mannschaft von Helmut Schön. »Der Sparwasser war mitverantwortlich, dass wir später Weltmeister geworden sind«, sagt Franz Beckenbauer heute, »der hat uns mit seinem Tor so richtig wachgerüttelt.« Das interessierte uns studentische Trunkenbolde überhaupt nicht, wir stießen Verwünschungen aus und gaben keine Westmark mehr für diese BRD(haha!)-Mannschaft.

Jürgen Sparwasser war nur einigen Spezialisten ein Begriff. Immerhin hatte er im gleichen Jahr mit Magdeburg, wo er fünfzehn Jahre spielte, gegen den hoch favorisierten AC Milan mit 2:0 den Europapokal der Pokalsieger gewonnen (siehe auch Seite 136). Sein Tor gegen die Westdeutschen verschaffte ihm in der DDR nicht nur Freunde – viele ostdeutsche Sympathisanten von Beckenbauer und Co. entwickelten mehr oder weniger offene Aggressionen gegen den Schützen des Siegtreffers gegen die Auswahl des »Klassenfeindes«.

Dabei war Sparwasser noch nicht einmal einer von den linientreuen Fußballern. Dreimal wurde er mit Magdeburg DDR-Meister, viermal Pokalsieger, aber als er nach dem Ende seiner Laufbahn zum Magdeburg-Trainer abkommandiert werden sollte, lehnte er ab. Daraufhin wollten sie ihn von der Uni Magdeburg werfen, wo er als Diplomsportlehrer arbeitete. Darum setzte er sich im Januar 1988 in den Westen ab und arbeitete zunächst als Co-Trainer bei Eintracht Frankfurt, wo sich Trainer Kalli Feldkamp rührend um ihn und seine Frau kümmerte. Als Cheftrainer war er in Darmstadt und beim Amateurligisten Rot-Weiß Walldorf nicht besonders erfolgreich. Sparwassers Trikot mit der Nummer 14 aus dem Spiel gegen die Bundesrepublik ist im Bonner Haus der Geschichte ausgestellt.

Uli Hoeneß
Der Himmel über Belgrad

Beim EM-Finale 1976 erzielt die deutsche Mannschaft in sprichwörtlich letzter Sekunde gegen die Tschechoslowakei den Ausgleich zum 2:2, was zur Verlängerung und schließlich zum entscheidenden Elfmeterschießen führt. Uli Hoeneß schießt seinen Elfmeter über das Tor, die Tschechoslowaken verwandeln den folgenden und werden so Europameister.

>> Ein Jahr nach der gewonnenen Weltmeisterschaft 1974 begannen meine Knieprobleme. Bis dahin gehörte ich ja zu den schnellsten Stürmern der Welt. Zu den Finalspielen der Europameisterschaft 1976 war ich nicht mehr schmerzfrei, nicht mehr so locker und unbekümmert. Natürlich war ich glücklich, überhaupt dabei zu sein. Aber wie es immer am Ende einer Saison ist, nach vielen Spielen: Du bist müde und hast nicht mehr so viel Kraft. Und das Halbfinale gegen Jugoslawien, das wir noch 4:2 gewonnen hatten, war zusätzlich anstrengend, weil es auch in die Verlängerung ging.

Das Finale kam, und es wäre für uns also unbedingt notwendig gewesen, in der regulären Spielzeit zu gewinnen. Nun gut, es kam anders, Bernd Hölzenbein köpfte uns in der letzten Sekunde in die Verlängerung, und so kam es schließlich zum Elfmeterschießen.

Eigentlich wollte ich nicht schießen. Kein Mensch hatte vorher abgesprochen, wer im Falle des Falles schießen sollte. Franz Beckenbauer kam zu mir und sagte, ich solle antreten, immerhin war ich '74 gesetzt gewesen als Elfmeterschütze

Nummer eins. Seinerzeit war ich aber froh bis zum Anschlag, dass sich Paul Breitner im Endspiel den Ball schnappte.

Kurzum, Franz wollte, dass die Erfahrenen die Verantwortung übernehmen. Eigentlich weiß ich nur noch, dass ich von der Mittellinie aus losgelaufen bin, weder links noch rechts schauend und so gut es ging konzentriert auf den Kampf mit dem Torwart. Alles andere drumherum bekommt man ja sowieso nicht mit. Ich wollte draufhauen, richtig draufhauen – und habe verzogen. So was passiert. Hannes Bongartz, mein Zimmerkollege, war als Erster bei mir. Er wollte mich aufmuntern. Vorwürfe anderer Spieler gab es nicht, natürlich nicht. Ich kenne keinen Profi, der einem anderen in so einer Situation einen Vorwurf macht. «

Uli Hoeneß – »Emotionsbombe«
Mannis Kommentar

Uli Hoeneß' größter Fehlschuss war zweifelsohne nicht der Elfmeter von Belgrad, sondern seine Steuerstraftat, derentwegen er zu dreieinhalb Jahren Freiheitsstrafe verurteilt wurde. Selbstverständlich lässt sich sein Lebenswerk aber nicht darauf reduzieren. Er war ein großartiger Spieler in einem erfolgreichen Bayern-Team und in der Nationalmannschaft, und vor allen Dingen war er jahrzehntelang das Maß aller Dinge beim Berufsbild des deutschen Fußballmanagers. Als er 1979 als Manager anfing, hatte der FC Bayern München einen Umsatz von zwölf Millionen Mark und zwanzig Mitarbeiter; vierzig Jahre später wurden mehr als 700 Millionen Euro umgesetzt, und rund tausend Menschen verdienten bei den Bayern ihre Brötchen. Hoeneß schaffte es, durch geschickte Personalpolitik und erfolgreiches Wirtschaften den Verein über Jahrzehnte an der Spitze der Branche zu halten. Das kann ihm keiner nehmen, und zu seinen Gunsten darf auch angenommen werden, dass er ein Kümmerer war, der die Mitglieder der »Bayern-Familie« auch in Krisensituationen nicht im Stich ließ.

Was sein öffentliches Bild allerdings schon immer eintrübte, war seine hemmungslose und oft arrogante Parteinahme, wenn es um die Belange seines Vereins ging. Es gab genug Phasen, da goss er in jedes lächerliche Flämmchen noch einen Kanister Öl. Er stellte abstruse Behauptungen auf wie die, dass die Schiedsrichter in der Bundesliga dazu neigten, Bayern München zu benachteiligen. Er lieferte sich Scharmützel mit Willi Lemke, Christoph Daum und allen anderen, die es wagten, der »offiziellen« Sicht der Dinge aus Bayern-Perspektive zu widersprechen. Und er war auch so etwas wie ein Pate der Szene; wer im deutschen Fußball was werden wollte, tat gut daran, es sich nicht mit Hoeneß zu verderben. Denn seine Expertise bei der Berufung von Trainern und Managern war begehrt.

Eine solche Position erzeugt auch ein gigantisches Selbstbild, und so war es wenig überraschend, dass der Fußballmanager irgendwann begann, in den TV-Talkshows den moralischen Leitwolf zu geben, der für saubere Verhältnisse in Wirtschaft und Politik stritt. Und dann kam der große Knall, mit dem sich der Saubermann selbst zerstörte. Hinterzogene Steuern, die sich scheibchenweise von ursprünglich 3,5 Millionen auf die Summe von 28,5 Millionen Euro auftürmten. 21 Monate seiner Haftstrafe musste Uli Hoeneß absitzen.

Wer geglaubt hatte, damit sei seine Karriere im Club vorbei, wurde eines Schlechteren belehrt. Die überwiegende Mehrheit der Bayern-Fans und -Mitglieder hatte ohnehin durchgängig die These vertreten, ein so erfolgreicher und gutherziger Mann dürfe wegen eines Steuerdeliktes nicht ins Gefängnis geschickt werden. Ein grausamer Beweis dafür, dass die Regeln des Rechtsstaates nicht in allen Bereichen der Gesellschaft angekommen sind.

Und Uli Hoeneß tat nichts, um diese Sicht zu korrigieren. Er sprach verharmlosend von einem »Fehler«, den er gemacht hätte; er brachte auch vorübergehend den Begriff »Demut« ins Spiel. Um dann bei einem Galadiner ausgerechnet im Steuerparadies Liechtenstein das Scheingebäude von Reue und Einsicht komplett platt zu machen: »Ich bin zu Unrecht verurteilt worden«, sagte er und bezog sich dabei auf die vom Gericht als unvollständig und fehlerhaft eingeordnete Selbstanzeige. »Ein Freispruch wäre völlig normal gewesen. Aber in diesem Spiel habe ich klar gegen die Medien verloren.« Vorhang.

Die Bayern-Mitglieder honorierten diese abstruse Fehleinschätzung im November 2018 mit Hoeneß' Wiederwahl zum Präsidenten. Die Zustimmung betrug 97,7 Prozent der Stimmen. Ich halte das nur vordergründig für einen Triumph; seine Rückkehr ist ein weiterer moralischer Tiefpunkt in seinem Leben. Uli Hoeneß hält sich für einen unantastbaren Riesen, dem Konsequenzen aus eigenem schwerem Fehlverhalten fremd sind. Typisch dafür ist unter anderem, dass er den Regelbruch zwar zurückhaltend und verharmlosend eingestand, sich selber aber letztlich als Opfer der Umstände oder – wie hier – »der Medien« stilisierte.

Darf einer, der als Herold der öffentlichen Sauberkeit durch die Medien gezogen ist, nach einer schweren, die Gemeinschaft schädigenden Straftat in ein bedeutendes Amt mit Vorbildcharakter zurückkehren? Formaljuristisch darf er das, da gibt's keinen Zweifel. Aber wenn jemand noch Werte in sich trägt, dann verzichtet er darauf und bewegt sich hinter den Kulissen und nicht mehr auf der großen Bühne. Für Uli Hoeneß wäre das mit 66 Jahren ein Leichtes gewesen, wahrscheinlich hätte er sogar noch eine große Portion Einfluss behalten. Aber der Pate des FC Bayern mit seinem gigantischen Selbstverständnis war dazu nicht in der Lage. Das spricht gegen ihn und beschädigt massiv sein in vielen Punkten respektables Lebenswerk.

Franz Beckenbauer
Des Kaisers zweite Krönung

*Am 8. Juli 1990 wird Deutschland durch ein Elfmetertor
von Andreas Brehme gegen Argentinien in Rom Weltmeister.
Teamchef Franz Beckenbauer genießt den großen Augenblick –
allein am Mittelkreis. Werfen wir noch einmal einen Blick in
die Presse.*

»Ein letztes Mal grätscht Buchwald im Mittelfeld Maradona
den Ball weg. Kurz darauf pfeift Schiedsrichter Mendez mit
zackiger Geste nach 94 Spielminuten um 21.50 Uhr ab.
Deutschland ist Weltmeister – zum dritten Mal nach 1954
und 1974! Beckenbauer nimmt seine übergroße, getönte
Brille ab, umarmt Co-Trainer Holger Osieck. Spieler und Be-
treuer stürmen jubelnd das Spielfeld und bilden einen großen Haufen.

Nach und nach geht Beckenbauer durch die Reihen und
gratuliert jedem Spieler. Mit weit aufgerissenen Augen umarmt der Teamchef Klinsmann, dem die Freudentränen in den
Augen stehen. […]

Die Argentinier stehen enttäuscht am Spielfeldrand und
trösten ihren weinenden Kapitän Maradona. […]

Dann ist es so weit. FIFA-Präsident Havelange überreicht
Matthäus den Weltpokal. Der Kapitän küsst den goldenen
Cup und dreht sich dann jubelnd zur Mannschaft um. Nach
und nach wandert der Pokal durch die Hände der Spieler, die
danach zur Ehrenrunde im Stadion starten. «

(aus dem Internet-Portal www.sporthelden.de)

» Minuten sind seit dem Schlusspfiff vergangen, die Spieler laufen mit dem Pokal durchs Rund. Auf der Tribüne des Olympiastadions von Rom gratulieren Staatsgäste aus aller Welt Kanzler Helmut Kohl und Bundespräsident Richard von Weizsäcker. Schwarz-Rot-Gold ist Weltmeister. Der dritte WM-Sieg hat etwas Leichtes, nicht mehr nur Erkämpftes, Erzwungenes. Allein der Teamchef wirkt seltsam entrückt. Franz Beckenbauer durchmisst den Mittelkreis des Spielfelds und in diesen Sekunden wohl auch sich selbst. Geht noch mehr im Leben eines Fußball-Menschen? «

(aus der Serie »60 Jahre Bundesrepublik« auf www.stern.de)

» Der Kaiser war zum zweiten Mal gekrönt worden. Weltmeister als Spieler (1974) und jetzt als Teamchef – das hatte zuvor nur Brasiliens Mario Zagallo geschafft. «

(aus der Serie »Fußball WM 2006« auf www.faz.net)

» Warum ich mutterseelenallein über den Rasen des Olympiastadions spaziert bin? Das kann ich bis heute nicht erklären. Es war einfach eine Intuition. Ich bin damals aufgewacht wie aus einem Traum, an den man sich nicht mehr erinnern kann. Doch es ist ein wunderschöner Traum gewesen. «

(aus einem Interview mit dem Journalisten Wolfgang Golz
auf der Website der Bundesregierung zur WM 2006)

Beckenbauer: Er flog nach oben
———————— *Mannis Kommentar*

»Wenn der Franz aus dem Fenster fällt, fliegt er nach oben«, sagte Sepp Maier einmal. Was der Kaiser anfasste, wurde augenblicklich zu Gold. Eine unantastbare Medienfigur, wie sie Deutschland zuvor noch nicht erlebt hatte. Geschaffen und gepflegt vor allem von seinen Freunden bei der Bild-Zeitung.

Es gab Menschen, die tatsächlich glaubten, es brächte Glück, ihn zu berühren.

Spieler, Trainer, Funktionär, Werbefigur (»Jo, is denn heut scho Weihnachten?«), Zeitungskolumnist, Fernsehexperte – den Höhepunkt der Allgegenwärtigkeit erreichte Beckenbauer während der WM 2006, als er per Helikopter durch Deutschland (»Sieht von oben aus wie ein Paradies.«) schaukelte und auf diese Art 48 WM-Spiele schaffte. Nach Schätzungen brachte es der Kaiser jährlich auf mehr als 20 Millionen Euro Werbeeinnahmen. Selbst die Hubschrauberaktion war gesponsert, von der Fluglinie Fly Emirates.

Die verzweifelte Suche nach Fehlern, Skandalen und Kritikpunkten war für die professionellen Bedenkenträger lange Zeit hoch frustrierend. Okay, er hätte sein Geld als deutsche Lichtgestalt auch in Deutschland versteuern können und nicht in Tirol. Aber das nahm ihm ernsthaft keiner außer dem deutschen Finanzminister übel.

Beckenbauers wechselhaftes Verhältnis zum anderen Geschlecht, die riesenhaft aufgemachte Geschichte über das nichteheliche Kind im August 2000? »Jo mei«, sagte der Kaiser dazu, »der liebe Gott freut sich doch über jedes Menschenkind.« Wer soll denn an der Stelle noch »Skandal!« schreien und sich moralisch erregen?

Einen Schwachpunkt in der Außendarstellung hatte Franz Beckenbauer: Er machte zwar ständig Bella Figura, aber als Experte oder Interviewpartner verhakelte er sich in Widersprüche oder bewegte sich in der langen, rätselhaften Tiefebene des Ungefähren. Unvergessen der Dialog mit Günther Jauch: »Wie ist denn Ihre Prognose?« Beckenbauer: »Ja gut, es gibt nur eine Möglichkeit: Sieg, Unentschieden oder Niederlage.« Oder die nicht zu widerlegende Feststellung: »Am Spielstand wird sich nicht mehr viel ändern, es sei denn, es schießt einer ein Tor.«

Und dann, im Jahr 2015, begann auf einen Schlag die grausame Entzauberung des Kaisers. Der Spiegel kam mit einer

Geschichte über dubiose Geldzahlungen und eine schwarze Kasse rund um das Sommermärchen 2006 auf den Markt. Mittendrin in den Geldströmen, die beispielsweise an einen dubiosen FIFA-Funktionär in Katar flossen: der Chef des WM-Organisationskomitees Franz Beckenbauer. Des Kaisers Freund, der Ex-Adidas-Chef Robert Louis-Dreyfus, soll mit einem Darlehen über 6,7 Millionen Euro behilflich gewesen sein. Ziel soll gewesen sein, die vier asiatischen Stimmen für die Abstimmung über das WM-Land 2006 zu sichern. Der Plan ging auf, Deutschland gewann knapp mit 12:11 Stimmen gegen den vermeintlichen Favoriten Südafrika.

Beckenbauer bezeichnete die Skandalberichte immer wieder als »erstunken und erlogen«, für ein Strafverfahren hätten die Beweise auch nicht ausgereicht. Aber der kaiserliche Ruf als gottähnliches, über allen irdischen Dingen schwebendes Wesen war lädiert. Zumal auch noch bekannt wurde, dass er nicht etwa ehrenamtlich, wie immer wieder behauptet wurde, als Chef-Organisator bei der WM 2006 tätig gewesen war. Er soll 5,5 Millionen Euro kassiert haben und konnte erst vier Jahre später überredet werden, das Honorar zu versteuern. Nach einer Betriebsprüfung durch das Finanzamt Frankfurt.

Beckenbauer zog sich tief verletzt aus der Öffentlichkeit zurück. Auch seine Gesundheit streikte, 2016 bekam er vier Bypässe gelegt. Der Tod seines Sohnes Stephan mit 46 Jahren durch einen Gehirntumor nahm ihn sehr mit. Mittlerweile greift er schon mal wieder ins mediale Geschehen ein; er kritisierte zum Beispiel den abrupten Rauswurf der Bayern-Spieler Müller, Hummels und Boateng aus der Nationalmannschaft. Aber der unantastbare Strahlemann Franz Beckenbauer, der zur Entfaltung seiner Wirkung noch nicht einmal den Mund aufmachen muss, ist endgültig Vergangenheit.

Béla Réthy

Mit Arroganz gegen Südkorea – das WM-Vorrundenaus 2018

Am 27. Juni 2018 durfte die deutsche Nationalmannschaft eine neue Erfahrung machen: Nach einem 0:2 gegen Südkorea war die Vorrunde bei der WM in Russland Endstation. Vor dem Turnier hatten sich alle über die »machbaren« Gegner Mexiko, Schweden und Südkorea gefreut. Béla Réthy musste das »Desaster von Kasan« für das ZDF kommentieren. Er erinnert sich:

» Dieses Spiel war ein historischer Tiefpunkt: Zum ersten Mal schied eine deutsche Nationalmannschaft in der WM-Vorrunde aus. Aber es war keine beispiellose Katastrophe, denn schon bei den vorhergehenden Turnieren flogen vier der letzten fünf Weltmeister nach den Gruppenspielen schnell wieder nach Hause. Ein eher schwacher Trost. In meiner Kommentatoren-karriere seit der USA-WM 1994 war es nur noch schlimmer, als sich bei der Europameisterschaft 2000 in den Niederlanden und Belgien Erich Ribbecks Team gegen eine B-Mannschaft der bereits qualifizierten Portugiesen frühzeitig verabschiedete. Vor dem Südkorea-Desaster in Kasan war ich eigentlich sehr sicher: Wir schlagen die. Ich setzte ganz auf den Impuls, den der 2:1-Sieg gegen Schweden in der Nachspielzeit – nach vor-hergehender Niederlage gegen Mexiko – vermeintlich ausge-löst hatte. Meine Kollegen rechneten schon während des Spiels, wer denn der nächste Gegner in der K. o.-Phase sein würde …

Schon nach der ersten Halbzeit hatte ich ein ungutes Ge-fühl. Es war ein ideenloses, biederes Spiel, es gab kaum echte

Chancen, und die Signale, die von den Spielern kamen, waren nicht gut. Da wurde gemeckert und abgewinkt, ein guter Teamgeist sieht anders aus. Trotzdem war ich immer noch der Meinung: Die beißen sich irgendwie durch, ganz im Sinne der oft zitierten alten deutschen Fußballtugenden. Die Deutschen mussten allerdings gewinnen, zumal die Schweden im Parallelspiel gegen Mexiko in Führung gegangen waren. Meine Hoffnungen endgültig begraben habe ich vier Minuten vor Schluss, als Mats Hummels nach Flanke von Özil am Fünfmeterraum frei zum Kopfball kam. Er traf den Ball nicht richtig, irgendwie war da auch die Schulter im Spiel – jedenfalls war die letzte große Siegchance vertan.

Es wurde dann sechs Minuten nachgespielt, in der zweiten Minute der Nachspielzeit ging Korea in Führung; sie setzten dann noch eins drauf, als das deutsche Tor leer war, weil der verzweifelte Manuel Neuer in der koreanischen Hälfte herumturnte. Endstand: 0:2! Eine vollkommen neue und bittere Erfahrung für die deutschen Nationalspieler.

Es gab eine Menge Gründe dafür, dass das Russland-Abenteuer schiefgehen musste, auch jenseits der rein fußballerischen Ebene. Mir fiel beispielsweise die Selbstverständlichkeit, ja Arroganz auf, mit der die Vorrunde gegen vermeintliches Mittelmaß aus Mexiko, Schweden und Südkorea angegangen wurde. Da musste sich der Weltmeister von 2014 ja nun wirklich keine Sorgen machen! Außerdem habe ich bei der Kaderzusammenstellung und später bei den Aufstellungen diverse Fehlentscheidungen gesehen. Schon die Festlegung auf den lange Zeit verletzten Neuer – gegen den mindestens gleichwertigen ter Stegen – hat das Leistungsprinzip außer Kraft gesetzt. So etwas kann auch Auswirkungen auf das Klima in der Mannschaft haben. Nach der Mexiko-Niederlage nahm Jogi Löw Özil und Khedira berechtigterweise raus, gegen Korea waren sie allerdings wieder drin. Timo Werner wurde überwiegend in der Mitte eingesetzt; dabei ist bekannt, dass er richtig gut ist, wenn er über den Flügel kommt. Der formstarke Julian Brandt musste überwiegend auf der Bank schmoren.

Ja, da lief schon so einiges schief mit der Nationalmannschaft in Russland. Deswegen war das frühe Ausscheiden konsequent und vollkommen berechtigt. «

Löw, zum Erfolg verdammt
———————————— *Mannis Kommentar*

Die Fußballpatriarchen sind eine aussterbende Spezies. Die knorrigen Präsidenten, bei denen Widerspruch am Ende immer zwecklos ist. Heute tarnen sich die Mächtigen im Fußball gerne, indem sie über Streitkultur und flache Hierarchien reden. Indem sie sogenannte Leitbilder verabschieden, in denen von Transparenz und angstfreier Kritik gefaselt wird. Vielleicht meinen es manche Führungskräfte sogar ernst, wenn sie den offenen Umgang mit Fehlern und die Bereitschaft propagieren, Verantwortung zu übernehmen. Wenn es aber eng wird, wenn tatsächlich mal persönliche Konsequenzen aus gravierendem Fehlverhalten gezogen werden müssten, dann brechen sehr schnell die eingeübten Verhaltensmuster wieder durch: Tricksen, Taktieren und Täuschen, notfalls die offene Machtausübung.

Ähnliches – ohne brutale Machtdemonstration allerdings – geschah beim Umgang mit dem WM-Desaster 2018. Wie hätte die Aufarbeitung des Vorrunden-Aus optimal laufen können? Weil die Bruchlandung so desaströs war, wären die Rücktritte des Bundestrainers und des Sportdirektors auf jeden Fall eine Möglichkeit gewesen. Zuvor hätte es – unter Führung des DFB-Präsidenten Grindel – eine umfassende Fehleranalyse geben müssen. Und zwar ziemlich bald nach dem WM-Ausscheiden. Danach hätte die Frage beantwortet werden können, ob das Versagen der Führungskräfte so krass war, dass ein Rückzug von Löw und/oder Bierhoff unausweichlich gewesen wäre. Hätte sich der DFB für einen Verbleib des Führungspersonals entschieden, wäre es als Nächstes um nötige Veränderungen in den Strukturen und Strategien der Nationalmannschaft gegangen. Das, genau in dieser Reihenfolge, wäre eine saubere und stringente Aufarbeitung des WM-Turniers in Russland gewesen. Lauter Konjunktive allerdings …

Was passierte stattdessen? Schon vor der Weltmeisterschaft gab es eine Verlängerung des Löw-Vertrages bis 2022 inklusive einer Jobgarantie unabhängig vom Ausgang der WM. Dieses »Weiter so« wurde wohl unmittelbar nach dem Südkorea-Spiel vom DFB-Präsidenten noch einmal erneuert. Was dazu führte, dass Grindel sich plötzlich in einer Art Bittstellerposition wiederfand. Weil Jogi Löw fünf Tage für die interne Mitteilung benötigte, er sei bereit weiterzumachen. Dann folgten neun Wochen, in denen der Bundestrainer in sich ging und sonst nichts passierte. Da sollte ganz klar, unter Duldung der DFB-Spitze, eine Schicht Gras über die Sache wachsen. Es wäre schon sehr blauäugig, an irgendwelche konstruierten anderen Gründe für die stark verzögerte »Aufarbeitung« zu glauben. Dann endlich ging der Bundestrainer mit einer Analyse an die Öffentlichkeit, sagte dreimal laut »Mea culpa« (falsche Taktik, mangelnde Einsatzbereitschaft, Überbetonung des Ballbesitzfußballs), setzte minimale Veränderungen im Apparat in Gang – und machte unter stärkerer Berücksichtigung junger Spieler weiter. Im März 2019 folgte noch die etwas seltsame Expedition nach München zwecks Verbannung der Herren Boateng, Müller und Hummels aus der Nationalmannschaft. Dass Löw und Bierhoff ihre Ämter verlieren würden, war zu keinem Zeitpunkt eine Option.

Dieses Krisenmanagement, bei dem die Kontinuität in der Führung der Nationalelf offenbar oberste Priorität hatte, war aus meiner Sicht absolut unangemessen. Es kann nicht sein, dass die Positionen der Verantwortlichen nach einem solchen Tiefpunkt von vorneherein unantastbar sind. Das war so ganz nebenbei auch ein Beleg für die starke interne Macht des Duos Löw/Bierhoff. In der öffentlichen Einschätzung sind diese beiden alles andere als unangefochten. Bierhoff gilt als »geleckter« Businessmann, dem die Nationalmannschaft keine Herzenssache ist. Zu Jogi Löw hatten die Fans und die Medien schon immer ein eher distanziertes Verhältnis; er war nie richtig populär und gilt als etwas skurril. Durch den WM-Titel 2014 wurden die Kritiker vorübergehend zum Schweigen gebracht. Dieser WM-Bonus ist aber aufgebraucht. Durch die Tricksereien rund um den Erhalt seines Arbeitsplatzes wurde seine Schonzeit noch verkürzt. Das wurde nach dem 2:4 gegen die Niederlande in der EM-Qualifikation im September 2019 mehr als deutlich, als ein Sturm der Ablehnung durch die professionellen und die »sozialen« Medien raste.

Mehr als viele andere Fußballtrainer ist Löw mittlerweile zum Siegen verdammt. Das ist auf der einen Seite ungerecht, weil die Einschätzungen seiner Person oft gar nicht an seine fachlichen Qualitäten anknüpfen. Andererseits tragen er und die DFB-Spitze durch den unseriösen Umgang mit dem Ausscheiden bei der WM in Russland die Mitverantwortung dafür, dass zumindest der sportliche Leiter der Nationalmannschaft nach dem Sommer 2018 ein Dauer-Wackelkandidat wurde. Noch schlimmer war es nach dem 0:6 gegen Spanien im November 2020. Da hielt es die DFB-Führung sogar für angebracht, ein öffentliches Bekenntnis zum Bundestrainer abzulegen.

Bernd: Hölzenbein
Sitztor in letzter Sekunde

*Bernd Hölzenbein köpft am 7. November 1979 im UEFA-Cup
in der Partie Eintracht Frankfurt gegen Dinamo Bukarest in
der 90. Minute und letzten Sekunde im Sitzen den Ausgleich
zum 2:2, was zur Verlängerung und schließlich zum Sieg von
Frankfurt führt. Am Ende wird Frankfurt im Endspiel gegen
Mönchengladbach UEFA-Pokalsieger. Hölzenbein über sein
Sitztor:*

» Die UEFA-Saison 1979/1980 ist in die Annalen des deutschen
Fußballs eingegangen. Am Ende stehen die Bayern, Glad-
bach, Stuttgart und wir im Halbfinale, also eine rein deutsche
Angelegenheit. Die Vorrunde begann schwierig, wir verloren
das Hinspiel in Bukarest mit 0:2. Eine Woche später folgte im
Waldstadion ein Spiel auf ein Tor.

Es gab also einen einsamen Kampf des Bukarester Torwarts
Stefan gegen die verzweifelt ankämpfende Eintracht. In der
73. Minute köpfte Bum Kun Cha endlich den Anschlusstreffer
zum 1:2. Hoffnung keimte auf, das Spiel nun endlich für uns
zu entscheiden. Es sollte aber noch etwas dauern und die Nerven aller Beteiligten aufs Äußerste anspannen.

Es kommt die 90. Spielminute. Zuvor wurde noch Multescu
vom Platz gestellt, Bukarest steht nur noch mit zehn Mann auf
dem Feld. Im Mittelfeld gibt es einen Freistoß. Willi Neuberger
fragt den Schiri, wie lang noch zu spielen sei. ›Twenty se-
conds‹, die Antwort. Und wer sich nun die folgenden zwanzig
Sekunden in irgendeiner Aufzeichnung ansieht, wird eines der

kuriosesten Spielenden erleben. Der Freistoß wird ausgeführt, der Ball gelangt zu Werner Lorant, der wiederum in den Strafraum flankt. Charly Körbel köpft aufs Tor, allerdings ohne jeden Druck, ohne jede Gefahr, die Sekunden rinnen dahin. Torwart Stefan braucht den Ball nur zu fangen, und alles wäre aus. Ich renne als Einziger mit und komme stolpernd neben ihm zu Fall. Er fängt den Ball auch, lässt ihn allerdings durch die Arme flutschen, und so gelingt es mir, geschickt halb sitzend, halb liegend den Ball zum 2:2 einzuköpfen.

Wer auf die Uhr gesehen hat, wird feststellen, dass nach exakt 20 Sekunden der Ball die Torlinie überrollt hat. Der Schiri Frederiksson hatte bereits beim Kopfball von Charly Körbel die Pfeife im Mund und den Arm gehoben, bereit, zur Mittellinie zu laufen und abzupfeifen, und in Gedanken wohl schon bei der Heimreise, als er merkte, dass der Ball noch heiß war und sogar im Tor landete. Kurioser geht's nicht. Alle kamen auf mich zugerannt und erdrückten mich: Das Unfassbare war geschehen.

Der Rest war fast reine Formsache. Die ohnehin geschwächten und nun demoralisierten Rumänen hatten uns nichts mehr entgegenzusetzen. Bernd Nickel machte schon in der 93. Minute das 3:2. Später schlugen wir die Bayern im Halbfinale und gewannen gegen Gladbach das Endspiel: Die Eintracht war zum ersten Mal UEFA-Pokalsieger. «

Aus der Chronik der (fast) vergessenen deutschen Europacup-Teilnehmer
———————————————— *Mannis Kommentar*

Diesen Hölzenbein kriegtest du noch nicht mal ruhig, wenn er auf dem Hosenboden saß. Ein Schlitzohr hoch drei, was er ja bei der WM sechs Jahre vorher auch schon sehr beeindruckend bewiesen hatte (haha!). Dass dies der Grundstein für den Gewinn des UEFA-Cups war, werden viele – natürlich nur außerhalb Hessens – schon vergessen haben. Heutzutage greift die Eintracht eher selten oben an (siehe das Kapitel über den Pokaltriumph gegen die Bayern 2018), aber ein paar goldumrahmte europäische Seiten hat die Frankfurter Chronik auch aktuell anzubieten.

1980 waren die deutschen Clubs, Holz wies darauf hin, im Halbfinale des UEFA-Cups unter sich: Stuttgart unterlag Mönchengladbach, Frankfurt fegte die Bayern im Rückspiel mit 5:1 nach Verlängerung vom Platz, und das Finale gewannen Hölzenbein, Nickel, Körbel, Bum Kun Cha und Co. gegen Gladbach nur wegen der höheren Anzahl der Auswärtstore (2:3 am Bökelberg, 1:0 in Frankfurt).

Zwanzig Jahre zuvor, als Real Madrid noch die unangefochtene europäische Übermannschaft war, gab es das legendäre 3:7 der Eintracht im Europapokalfinale der Landesmeister in Glasgow. Darauf heben sie noch heute am Main mit feuchten Augen den Bembel.

Der Europapokal hat für viele deutsche Mannschaften schon traumhafte Erlebnisse im Angebot gehabt, auch für die heute nur durchschnittlich erfolgreichen. Es waren eben nicht immer nur die üblichen Verdächtigen wie Bayern, Bremen, HSV, Dortmund oder Schalke am Start. Volker Finkes Freiburger zum Beispiel spielten zweimal europäisch, 1995/96 und 2001/02; beim zweiten Mal scheiterten sie mit Butt, Tanko, Kehl und Golz erst in der dritten Runde an Feyenoord Rotterdam.

Oder die furiosen Karlsruher mit dem begnadeten Heißmacher Winni Schäfer! Zwölf Jahre trainierte er in Baden, der wahnsinnige Höhepunkt war das 7:0 im UEFA-Cup gegen Valencia (Hinspiel 1:3). Der KSC – im Tor: Oliver Kahn – kam ins Halbfinale, gegen die Apfelsinentruppe aus Spanien traf »Euro-Eddi« Edgar Schmitt gar viermal.

Alemannia Aachen mit Trainer Dieter Hecking ist auch so ein europäisches One-Hit-Wonder. 2004/05 waren die Aachener UEFA-Pokalteilnehmer, spielten plötzlich gegen AEK Athen, St. Petersburg und Sevilla statt gegen Unterhaching oder St. Pauli und schieden erst in der Hauptrunde gegen Alkmaar aus. Die Heimspiele mussten sie in Köln statt am stimmungsvollen, aber maroden Tivoli austragen.

Der VfL Bochum – ja, es ist wirklich wahr! – wurde 1997 mit Peschel, Wosz, Waldoch und Közle Fünfter der Liga und nahm am UEFA-Pokal teil, wo er erst in der dritten Runde an Ajax Amsterdam scheiterte. Klaus Toppmöller hieß der Trainer, der sich aus gegebenem Anlass stets europäisch chic kleidete. 2002 kam er sogar mit Leverkusen ins Champions-League-Finale.

1981 werden sich auch die Jenaer zwecks Realitätstest diverse Male gekniffen haben. Im Pokalsieger-Wettbewerb warfen Vogel, Lindemann, Kurbjuweit und Co. unter anderem den AS Rom, Valencia und Benfica Lissabon aus dem Rennen, bevor sie das Finale in Düsseldorf gegen Dynamo Tiflis knapp mit 1:2 verloren. Trainer war der Thüringer aus Überzeugung Hans Meyer. Die größte Sensation im Osten war allerdings der Europapokalsieg des 1. FC Magdeburg 1974 im Wettbewerb der Pokalsieger (siehe dazu Seite 136).

Olaf Thon
Raketenstart ins Profileben

Am 2. Mai 1984, beim aufregenden 6:6 von Schalke 04 im DFB-Pokal-Halbfinale gegen Bayern München, schlug die große Stunde eines jungen Mannes, der am Tag zuvor gerade mal achtzehn Jahre geworden war. Ein Interview mit Olaf Thon, der an diesem Abend drei Tore gegen die Bayern schoss:

Breuckmann: »Am 1. Mai 1984 hatte Mönchengladbach im ersten Halbfinale Werder Bremen mit 5:4 geschlagen. Da war eine Steigerung kaum zu erwarten, oder?«

Thon: »Wir waren damals in der 2. Liga, und die großen Bayern kamen mit Pfaff, Augenthaler und den Rummenigges. Wer da Favorit war, war klar.«

Breuckmann: »Nach 12 Minuten lag Schalke mit 0:2 hinten. Aber Sie als achtzehnjähriger Nobody waren wesentlich daran beteiligt, dass es ein spektakuläres Unentschieden gab. Der Ausgleich zum 6:6 kurz vor Schluss muss ja wohl das Allergeilste gewesen sein, oder?«

Thon: »Ja, mit Abstand. Zwei Minuten vor Schluss stocherte Dieter Hoeneß den Ball zum 6:5 für die Bayern ins Tor. Der Fernsehreporter sprach zum dritten Mal an dem Abend von der ›endgültigen Entscheidung‹. Und dann, bei unserem letzten Angriff in der Nachspielzeit, habe ich dem Pfaff das Ding um die Ohren gehauen, genauer gesagt in den Winkel. Diese

Bilder, der grenzenlose Jubel, die Ehrenrunden im Parkstadion, das kann ich noch jederzeit abrufen.«

Breuckmann: »Und der Bayern-Coach Udo Lattek hätte Sie am liebsten direkt nach dem Spiel gekauft.«

Thon: »Ja, er sagte: ›Für den Jungen würde ich sofort zehn Millionen hinlegen.‹«

Breuckmann: »Waren Sie nicht als kleiner Steppke Bayern-Fan?«

Thon: »Ich hab sogar in rot-weißer Bettwäsche geschlafen. Besonders Gerd Müller fand ich richtig klasse. Er war mein Vorbild. Der ZDF-Reporter Töpperwien hat das irgendwie rausgefunden und mich nach dem Pokalknaller darauf angesprochen. Klar, dass später dann und wann ein Spruch von unseren Fans kam.«

Breuckmann: »Haben Sie danach in Ihrer Karriere, unter anderem ja auch bei den Bayern, noch einmal eine vergleichbare Dramatik erlebt?«

Thon: »Bedeutendere Spiele ja. Vergleichbare Dramatik? Nun ja, das UEFA-Cup-Finale 1997 mit Schalke gegen Inter war auch spannend, beim WM-Halbfinale 1990 ging's auch hoch her, als ich beim Elfmeterschießen gegen England den entscheidenden Elfer reinmachte, und über das irre Saisonfinale 2001 müssen wir gar nicht diskutieren. Da kam ich allerdings erst zwanzig Minuten vor Schluss als Auswechselspieler rein. Aber 1984, den Raketenstart ins Profileben, mit einem jungen Mann, der drei Tore schoss, das gab's nur einmal.«

Der mit dem Wort tanzt

Mannis Kommentar

Olaf Thon kann reden wie ein Wasserfall. Das und seine Bekanntschaft mit diversen Doktoren und Professoren trug ihm schon früh den Titel »Professor« ein. Im Ruhrgebiet ist ein Professor »ein ganz Schlauer«; da schwingt nicht nur Bewunderung mit, sondern auch eine Portion Unsicherheit und süffisante Distanz gegenüber jemandem, »der allet weiß«. Olaf weiß viel, und um das gebührend nach außen zu tragen, bedarf es eines permanenten Redeflusses. Der Ex-Profi von Schalke und Bayern hat nach seiner Karriere viel geübt, noch heute spricht er als Experte in Radio und Fernsehen und vor den Schalker Heimspielen im VIP-Club LaOla zu den Fans.

Als Olaf Thon sprachlich noch nicht so sicher und routiniert war, schlichen sich manchmal ein paar sprachliche Bolzen in seine Vorträge. Wie zum Beispiel die Bemerkung über ein angebliches Foul: »Ich habe ihn nur ganz leicht retuschiert.« Mit solchen Fehlleistungen steht der Schalker aber in der Fußballszene nicht allein da. Woraus speziell im deutschen Bildungsbürgertum falsch geschlossen wird, Fußballer seien blöd.

Das ist ein Irrtum. Sie sind (mittlerweile) genau so blöd oder wissend wie der Rest der Bevölkerung auch. Weil sie nämlich keine tumben Malocher sind, sondern mehr oder weniger den Querschnitt der Deutschen abbilden. Und dieser durchschnittliche Deutsche tut sich eben mit Fremdwörtern gelegentlich schwer.

Sogar dem großen Dresdner Helmut Schön rutschte mal die Bemerkung raus: »Da gehe ich mit Ihnen chloroform.« Wobei in diesem Falle durchaus ironische Sprachverhunzung im Spiel gewesen sein könnte. Absolut authentisch hingegen ist der Bericht des kleinen Fritz Walter vom VfB Stuttgart über eine Verletzung: »Die Sanitäter haben mir auf dem Platz gleich eine Invasion gelegt.« Rudi Völler unterlief mal eine schwerwiegende Beleidigung seines beleibten Managers Reiner Calmund: »Ja gut, der arbeitet von morgens bis abends. Ja gut, das nennt man im Volksmund wohl einen Alcoholic.« Pierre Littbarski war selbstkritisch genug, die furchtbare Fremdwörterei an Ort und Stelle ad acta (!) zu legen: »In der ersten Halbzeit haben wir ganz gut gespielt, in der zweiten fehlt uns die Kontinu …, äh Kontuni …, ach scheiß Fremdwörter: Wir waren nicht beständig genug!«

Vielen Fußballprofis ginge heute ein solch witziges Eingeständnis eigener Sprachdefizite nicht über die Lippen. Denn sie haben Angst – Angst vor klaren Aussagen, Angst vor der Hinrichtung in der Bild-Zeitung am nächsten Tag, Angst vor dem Donnerwetter des Managers. Und so dominiert der Typus des angepassten Profis, der nur noch die Standardfloskeln (»Trotz des 0:3 können wir mit unserer Leistung in der ersten Halbzeit zufrieden sein.«) absondert, der womöglich noch von einem Rhetoriktrainer auf sprachliche Geschmeidigkeit getrimmt wird.

Und wenn es dann ans Toreschießen geht, schweigt der Spielermund. Und es gilt das Podolski-Prinzip: »Ich denke nicht vor dem Tor – das mache ich nie!«

Uwe Reinders
Pfaff und das Einwurftor

Am 21. August 1982 standen sich am ersten Spieltag Werder Bremen und Bayern München gegenüber. Das Spiel endete 1:0 für Bremen durch ein Einwurftor von Uwe Reinders – Jean-Marie Pfaff lenkte den Ball ins eigene Tor. Reinders schildert die Szene noch einmal.

» Der 21. August war ein sonniger Samstag, das erste Spiel der neuen Saison. Für Jean-Marie Pfaff war es die Premiere zwischen den Pfosten des Bayern-Tores, und ich sorgte mit meiner Aktion dafür, dass er diese Partie nicht so schnell vergessen hat.

Bis zur 44. Minute war noch nichts passiert. Dann kriegten wir einen Einwurf auf der linken Seite, bis zum Tor waren es vielleicht 35 Meter. Pfaff hatte wohl keiner gesagt, wie rasant die Einwürfe von mir auf den kurzen Pfosten gerauscht kamen. Wir haben das trainiert. Ich war schon in meiner Zeit bei Schwarz-Weiß Essen in den Siebzigern Einwurf-Spezialist. Die Bild-Zeitung hat mal nachgemessen und ist auf 46 Meter gekommen.

Als Pfaff den Ball in den Strafraum segeln sah, stürzte er heraus, hinein in die Spielertraube am Fünfmeterraum, um die Situation zu entschärfen. Die Kugel kam nicht am anvisierten kurzen Pfosten herunter, der tückische Wind am Weserstrand trieb sie noch ein, zwei Meter weiter. Und Pfaff wurde zum Deppen! Er berührte den Ball ganz leicht mit den Fingerspitzen, verpasste ihm noch einen besonderen Effet und konnte danach nur noch am Boden krabbelnd zugucken, wie das Leder ins Tor flog. Hätten Pfaffs Finger keinen Ballkontakt gehabt, wär's kein Tor gewesen; das Spiel wäre mit Abstoß weitergegangen.

Es gibt ein Foto, das unmittelbar nach dem kuriosen Tor entstanden ist, auf dem ich mit einem breiten Lachen zu sehen bin. Jean-Marie Pfaff hat mit Sicherheit nicht gelacht, aber das habe ich nicht mitgekriegt inmitten meiner jubelnden Mannschaftskameraden. Als ich dann in die eigene Hälfte zurücktrabte, sagte Paul Breitner noch zu mir: ›Du bist ja wohl total bescheuert.‹ Das war aber wohl mehr anerkennend gemeint.

Bei der ARD wollten sie den Einwurf zum ›Tor des Monats‹ machen, aber ein Schlaumeier hat dann gemeint, wegen Pfaffs Fingerspitzen wäre es ein Eigentor gewesen, und die schieden bei der Wahl aus.

Ich bin mit einem nicht ausgeheilten Innenbandanriss in dieses Spiel gegangen, ganz eng getaped und mit schmerzstillenden Spritzen versorgt. Die Verletzung war Folge eines lächerlichen Unfalls bei der WM 1982 in Spanien, wo ich drei Spiele mitgemacht habe. Vor dem Wahnsinns-Halbfinale gegen Frankreich [8:7 n. E., Anm. d. Red.] habe ich in Badelatschen Tischtennis gespielt und bin auf den rutschigen Fliesen hingefallen. Das war's dann mit der Weltmeisterschaft.

Und eine Woche nach dem Bayern-Spiel, beim Auswärtsmatch in Köln, ist mir dann alles im Knie gerissen; damals hieß das: Operation, zehn Wochen Krankenhaus und ein halbes Jahr Verletzungspause.

Da war das Einwurftor gegen Bayern nur ein kurzes Vergnügen mitten in einer längeren Leidenszeit. Einmal in dieser Phase musste ich dann aber doch lachen: Als ich nämlich las, dass Jean-Marie Pfaff seinen Beagle aus Rache ›Reinders‹ genannt hatte. Ich gönnte es ihm. Dem Beagle natürlich. **«**

Uwe Reinders hat viele Nachfolger
————————— *Mannis Kommentar*

Jean-Marie Pfaff – vorne ein Junge, in der Mitte ein Mädchen und hinten eine Nähmaschine – war stinkesauer ob der Reinders-Blamage. Aber so richtig traurig muss Pfaff heute nicht mehr sein, denn in Sachen Einwurf hat Uwe Reinders viele Nachfolger.

Den peinlichsten Augenblick erlebte der finnische Torwart Peter Enckelmann von Aston Villa im Jahr 2002. Da warf ihm sein Mannschaftskamerad Olof Mellberg, der knorrige schwedische Abwehrspieler, den Ball über vielleicht dreißig Meter zu. Viel Fahrt hatte die Kugel nicht mehr, aber gemächlich ins Tor kullern konnte sie noch. Weil nämlich der Keeper in einer hochkomischen Aktion wie ein Tölpel über den heranrollenden Ball senste. Enckelmann schlug schamhaft die Hände vors Gesicht, das mag des Schiedsrichters Tor-Entscheidung beflügelt haben. Dabei hätte er nur Eckball geben dürfen. Ein solcher ist nämlich vorgesehen, wenn ein Spieler den Ball ohne Fremdberührung ins eigene Tor wirft; bei Würfen in den fremden Kasten muss es Abschlag geben, wenn kein anderer mehr dran war. Nah an dieser Situation war in den Neunzigern immer wieder gerne der Düsseldorfer Harald Katemann: Er spielte nur wegen der Einwürfe, fußballerisch war er so begnadet wie Hans-Peter Briegel. Dreißig Meter schaffte Katemann locker von der Seitenauslinie, im gegnerischen Strafraum loderten dann meistens die Flammen.

Aber was ist das schon gegen den Iren Rory Delap, der vor zehn Jahren bei Stoke City in der Premier League spielte! Dieser Einwurfspezialist schleudert den Ball mit einer Geschwindigkeit von 60 km/h über vierzig Meter weit. Beim 2:0 des Aufsteigers bei Arsenal bereitete er beide Tore vor, einmal legte der Ball 45 Meter zurück. Delap ist ein Werfer aus Leidenschaft: »Als Dreijähriger habe ich nach Aussage meiner Eltern schon Steine in Fenster geworfen«, grinst er, »und später versuchte ich es mit Speerwerfen.«

Einige Damen probieren es derweil mit dem Flip-Throw; bei dieser Übung geht dem Einwurf ein Handstand-Überschlag mit dem Ball in der Hand voraus. Der menschliche Körper wirkt wie ein Katapult, die Hände schleudern den Ball bis in den Strafraum. Im US-College-Fußball ist das angeblich gang und gäbe, einer breiten Öffentlichkeit wurde der artistische Flip-Throw bei der U20-Frauen-WM 2008 in Chile erstmals von Leah vorgeführt, einer für Brasilien spielenden, gerade mal 1,55 Meter großen US-Amerikanerin.

Die allerschärfste Flip-Throw-Szene filmte ein unbekannter Hobby-Kameramann bei einem nicht identifizierbaren Jugendspiel. Da baute sich ein Gegenspieler zwei Meter vor dem Handstand-Künstler auf; der Ball flog aus kurzer Distanz raketengleich in das Gesicht des jungen Mannes, der wie bei einem sauberen Glaskinn-Knockout blitzartig zu Boden ging.

Christopher Keil
Trappatoni »hat fertig«!

Am 10. März 1998 trat der Bayern-Trainer Giovanni Trapattoni vor die Presse und hielt seine berühmte Wutrede. Der damalige Sportredakteur der Süddeutschen Zeitung (heute ist er Öffentlichkeitsarbeiter beim FC Bayern) Christopher Keil war mit erstaunten Ohren dabei:

»» Die Bayern hatten viermal hintereinander nicht gewonnen, zuletzt hatte es ein 0:1 bei Schalke gegeben, der Spitzenreiter Kaiserslautern zog immer weiter davon. Es gab Diskussionen über Trapattonis antiquierten Trainingsstil und seine defensive Spielweise, aber keiner konnte mit einer derartigen Explosion rechnen. Er war ja ein Weltmann, alle mochten ihn, er hatte gute Manieren und war ein anständiger Kerl.

In Schalke hatten sich Basler und Scholl vor laufenden Kameras darüber beschwert, dass sie nicht von Beginn an spielen durften, und Strunz kam mit seiner Auswechslung nicht klar. Das waren vielleicht die Auslöser für Trapattonis Ausbruch.

Ich war damals auf dem Bayerngelände, um Karten für Absolventen der Deutschen Journalistenschule zu organisieren, die sich das Bayern-Spiel gegen Bochum anschauen sollten. Die Pressekonferenz hatten wir als Routinetermin gar nicht besetzt. Markus Hörwick, der Pressesprecher der Bayern, kam mir entgegen und riet mir eindringlich, ins ›Stüberl‹ zu eilen, wo die Pressetermine stattfanden. Dort ging es dann richtig ab. Ich war zunächst fassungslos, fühlte mich dann in einem Louis-de-Funès- Film und rechnete am Ende fest damit, dass Trapattoni wie einst Chruschtschow seinen Schuh ausziehen und auf den Tisch kloppen würde.

Die Reaktion der Berichterstatter war eine Mischung aus Betroffenheit und Gekicher, doch die Dimensionen dieser wilden Rede hatten wir alle begriffen und scharten uns um die Kollegen vom Radio, die uns alles noch mal vorspielten.

War der Zorn vorgetäuscht? Handelte es sich um einen kalkulierten Rundumschlag, den letzten Weckruf, um die fast verspielte Meisterschaft doch noch nach München zu holen? Ich glaube, es war ein Tobsuchtsschub, Trapattoni wollte Strenge zeigen und hatte sich in seiner Rage einfach vergessen. Er war tief gekränkt über die satten, jungen Typen, die ihm da in München auf der Nase rumtanzten. Jedem anderen hätte man vorwerfen können, er habe sich lächerlich gemacht, doch nicht Trapattoni, dazu war er einfach ein zu liebenswürdiger Mensch. «

Trapattoni unne die andere
—————————— Mannis Kommentar

Ich weiß nicht, ob Giovanni Trapattoni jemals einen Karnevalsorden bekommen hat. Verdient hätte er ihn; denn die professionellen Possenreißer der Republik, vom rheinischen Büttenredner bis zum norddeutschen Butterfahrt-Conferencier, lebten noch jahrelang von »Flasche leer« und »habe fertig«. Und wenn die Politiker ihre Volksnähe und Witzigkeit dokumentieren wollten, zitierten sie nur allzu gerne aus Traps Wutrede. Die SPD ließ nach der Abwahl von Helmut Kohl ein Plakat entwerfen, auf dem in großen Buchstaben »Ich habe fertig« prangte. Der italienische Bayern-Trainer hat sich also um den Witz in der deutschen Sprache verdient gemacht. Die beste Parodie seines Auftritts stammt übrigens vom telekritischen Comedian Oliver Kalkofe.

Ganz unwitzig betrachtet ist Traps erzürnter Hilferuf aber schlicht ein Beleg für die unterentwickelten Deutschkenntnisse des rundum sympathischen Fußballlehrers. 1994/95 und von 1996 bis 1998 war Trapattoni Trainer des FC Bayern München, kassierte jährlich geschätzte 2,5 Millionen DM – und konnte sich den Luxus erlauben, mit den Spielern und der Öffentlichkeit in einem nur teilweise verständlichen Germano-Italienisch zu kommunizieren. Das war schlicht unprofessionell.

Als Trapattoni 2005 zum VfB Stuttgart kam, saß ich nach dem ersten Saisonspiel (1:1 in Duisburg) in der Pressekonferenz und verstand kaum die Hälfte des Trainer-Statements. Es hatte sich also nichts geändert. Okay, die Fans lachten sich darüber einen Ast; aber der Umgang mit »die Spielers« kann nicht optimal sein, wenn eine inhaltlich bedeutende taktische Anweisung des Übungsleiters oder gar ein Zweiergespräch im schlimmsten Fall nur über einen Dolmetscher in die Köpfe gelangt.

Von den 84 ausländischen Trainern seit der Einführung der Bundesliga 1963 sprachen die allermeisten verständliches Deutsch. Ein paar Ausreißer gab es allerdings. Beispielsweise die augenrollende, radebrechende (»kleines, dickes Miller«) Körperkugel Tschik Cajkovski, der in den 1960er/70er-Jahren Bayern, Hannover, Köln und Offenbach trainierte. »Ich Lehrer für Fußball, nix für Deutsch«, versuchte er sich einmal zu rechtfertigen, und seine berühmtesten Worte waren »Winschte, Maschine stirzt ab« beim Rückflug nach einer 1:8-Niederlage des 1. FC Köln im schottischen Dundee.

Ein besonderer Fall war der Bauernsohn aus der Gegend von Padua, Nevio Scala, der 1997/98 Borussia Dortmund trainierte. Seine deutschen Ausführungen endeten manchmal in skurrilen Sätzen, über deren Bedeutung sie noch heute am

Borsigplatz rätseln: »Das Tor ist ein Problem, das jede Mannschaft hat.« Hä? Oder: »Es fiel viel Regen in die nasse Bude.« Kachelmann, hilf!

Die Bayern demonstrierten auch in der Zeit nach Trapattoni, dass es ihnen schnurzegal ist, ob die Trainer mit der deutschen Sprache auf Kriegsfuß stehen. Der Spanier Pep Guardiola war sprachtechnisch ein Witz, obwohl vor seinem Amtsantritt kräftig gestreut wurde, er habe intensive Crash-Kurse genossen. Auch Carlo Ancelotti konnte nicht unbedingt als Sprachgenie durchgehen. Wie wohltuend war es da, zwischendurch immer wieder vom niederrheinischen Idiom des Jupp Heynckes verwöhnt zu werden.

Mario Basler
Bayerns grausamste Sekunden

In Barcelona standen sich am 26. Mai 1999 Bayern München und Manchester United im Champions-League-Finale gegenüber. Bayern führte 1:0, gab den Titel jedoch durch zwei Gegentore in der Nachspielzeit aus der Hand. Mario Basler denkt zurück an »Bayerns grausamste Minute«:

»Es war schon eine außergewöhnliche Stimmung im Vorfeld des großen Finales in Barcelona – Anspannung, Nervenkitzel, Vorfreude, alles war dabei. Allein das Abschlusstraining im großartigen Stadion Camp Nou zu absolvieren – großartig. Unglaublich waren auch die Menschenmassen, die am Finaltag, einem Mittwoch, ins Stadium strömten: 90 000 Menschen füllten das Rund aus. Als wir schließlich aufliefen, hatte ich richtig Gänsehaut.

Einen Favoriten auf den Pokalsieg gab es eigentlich nicht. Unser Siegeswille war jedoch enorm, wir wollten den Titel unbedingt, und so spielten wir dann auch. In der 6. Minute zirkelte ich einen Freistoß um die Mauer herum ins Netz – 1:0. Danach beherrschten wir das Spiel mehr oder weniger und hatten weiterhin die besseren Chancen, auch Pfosten- und Lattentreffer von Scholl und Jancker.

Aber der Fußballgott hatte kein Einsehen. Es folgten die wohl dramatischsten Schlussminuten, die ein Europacup-Finale je gesehen hat. Drei Minuten Nachspielzeit, zwei Gegentore in der 91. und 93. Minute. Zunächst das 1:1 durch den eingewechselten Sheringham, wenig später lenkte der ebenfalls eingewechselte Solskjaer einen Kopfball von Sheringham nach einer Ecke von David Beckham ins Tor zum 2:1. Wir machten uns ein sensationelles Spiel selbst kaputt, vielleicht waren wir schon in Gedanken mit den Händen am Pokal. Unfassbar.

Wir waren fertig und wollten nur noch nach Hause. Ich ging direkt in die Kabine, ich wollte für mich sein; kurz darauf kamen auch Beckenbauer und Rummenigge. Meine Medaille brachte man mir mit. Die Mitspieler erzählten noch, dass beiden Mannschaften von beiden Fangruppen für dieses furiose Finale zugejubelt wurde – das ist alles andere als selbstverständlich, wenn deutsche und englische Teams aufeinandertreffen. Später gab es noch eine Gala. Je später es wurde, desto mehr hellte sich allerdings unsere Stimmung auf. Letztlich feierten wir sogar länger als die Engländer.

Am nächsten Tag ging es zurück und ohne großen Empfang in München direkt weiter, denn am Samstag folgte das letzte Saisonspiel gegen Leverkusen. Die deutsche Meisterschaft war uns zumindest nicht mehr zu nehmen, immerhin. «

Die Erben der Busby-Babies
———————————— *Mannis Kommentar*

Der Schmerz der Bayern-Fans war ähnlich grenzenlos wie zwei Jahre später das Leid der Schalke-Anhänger nach dem Bundesligafinale 2001. Im riesigen ManU-Block hingegen explodierte die überschwängliche Freude der 40 000 Fans. Das erste Triple einer englischen Mannschaft, und das alles in einem Marathon der Emotionen binnen zehn Tagen!

Am 16. Mai holte ManU in einem engen Meisterschaftsfinale mit einem 2:1 gegen die Tottenham Hotspurs den Titel in der Premier League, einen Punkt vor Arsenal London. Sechs Tage später der Pokalsieg in Wembley, Newcastle United wurde mit 2:0 nach Hause geschickt. Damit war das dritte Double innerhalb von fünf Jahren perfekt. Und dann die Nacht von Barcelona, ein schwaches Spiel der Ferguson-Truppe, die späte Einwechslung von Sheringham und Solskjaer, der Doppelschlag in der Nachspielzeit durch ebendiese beiden.

»Die besten zwei Minuten in der Geschichte des Sports«, jubilierte der Daily Mirror. Der englische Fernsehkommentator wurde biblisch: »Manchester United have reached the promised land!«, brüllte er ins Mikrofon. The Express erhob die dreizehn Spieler zu »Fergusons Göttern«. Die Götter hatten die Bayern mit deren eigenem Rezept für alle Fälle geschlagen: nie aufgeben, kämpfen bis zum Ende, das Unmögliche doch noch möglich machen. Dabei ging Manchester gehandicapt ins Finale: Mit Paul Scholes und Roy Keane fehlten zwei Schlüsselspieler gelbgesperrt, die Mannschaft – ohnehin durch die beiden vorangegangenen Finalspiele geschwächt – hatte ihren Zenit eigentlich schon überschritten. Das Durchschnittsalter lag bei über 27 Jahren, keiner auf dem Platz war unter 24.

Aber das knorrige Trainerdenkmal Alex Ferguson – seit 1986 im Amt! – hatte vor der Saison für viel Geld zwei Goldstücke nach Old Trafford geholt: Das Abwehrbollwerk Jaap Stam kam für umgerechnet 17 Millionen Euro von PSV Eindhoven, und Dwight York, der Torjäger von Aston Villa, kostete sogar noch mehr: 19,2 Millionen legte Manchester für ihn auf den Tisch. York und sein Sturmpartner Andy Cole schossen in der Saison 53 Tore. Aber im Finale mussten es die Einwechselspieler richten.

Am Finaltag wäre Matt Busby neunzig Jahre alt geworden, das verlieh dem Thriller von Barcelona die historische Dimension. Manager Busby stand für den Europapokalsieg 1968, danach war Manchester kein europäischer Triumph mehr gelungen. Busby betreute United schon Ende der Fünfziger, mit den

»Busby-Babies« erlebte (und überlebte) er den Flugzeugabsturz von München. Am 7. Februar 1958 starben auf dem Rückflug von einem Europapokalspiel in Belgrad acht Spieler in den brennenden Flugzeugtrümmern.

Nach dem Finale von Barcelona musste Manchester United nur sieben Jahre auf den nächsten europäischen Titel warten. 2008 gewann ManU gegen den Liga-Konkurrenten Chelsea die Champions League mit 6:5 im Elfmeterschießen. Und der Trainer hieß immer noch Alex Ferguson. Er blieb bis 2013, insgesamt 27 unglaubliche Jahre. 2013 wurde United auch noch einmal Meister. Der bislang letzte europäische Titel war der Gewinn der Europa League 2017. Innerstädtisch dominieren seitdem die Blauen von Manchester City. Sie haben den noch potenteren Geldgeber gefunden.

Oliver Bierhoff
Ein Golden Goal für die Fußballgeschichte

Am 30. Juni 1996 standen sich im EM-Finale Deutschland und Tschechien gegenüber. Nach einem 1:1 ging es in die Verlängerung, in der Oliver Bierhoff mit dem ersten Golden Goal der Fußballgeschichte Deutschland zum Titel schoss. Bierhoff erzählt noch einmal.

» Im Halbfinale gegen die Engländer mussten wir bis ins Elfmeterschießen gehen, es war insgesamt ein sehr enges Turnier, auch das andere Halbfinale wurde vom Punkt aus entschieden. Gegen England war Jürgen Klinsmann noch verletzt gewesen, für das Finale war er jedoch wieder fit. Ich rechnete daher schon damit, dass ich nicht von Anfang an spielen würde, und so war es dann auch.

Zur Halbzeit war die Partie noch torlos. Nach einer knappen Stunde schickte mich Berti Vogts dann zum Warmlaufen. Als Patrik Berger kurz darauf den Foulelfmeter der Tschechen zum 1:0 verwandelte, stand ich direkt hinter dem Tor – und dachte mir: ›Jetzt muss der Trainer dich bringen.‹

Wenige Minuten später wurde ich dann für Mehmet Scholl eingewechselt. Ich sollte ganz vorne in der Spitze spielen, Jürgen etwas mehr über außen kommen. Wir erhöhten den Druck, mussten wir ja auch, aber wir verfielen noch nicht in Hektik. Ich spürte, da geht noch was. Und tatsächlich, ein paar Minuten später: Aus einer Standardsituation eine Flanke von Ziege, ein Kopfball von mir – 1:1. Damit ging es in die Verlängerung.

»Bode ruft: Andersrum. Ich höre auf ihn, drehe mich linksrum und ziehe einfach ab.«

Dann kam die 95. Minute: Thomas Helmer schlägt einen langen Ball von hinten raus bis an den gegnerischen Sechzehner, ich verlängere den Ball mit dem Kopf nach rechts raus auf Klinsmann. Der dreht sich einmal, flankt mit links parallel zum Sechzehner wieder zu mir zurück. Ich stehe mit dem Rücken zum Tor und halte meinen Gegenspieler so auf Distanz. Eigentlich wollte ich für einen Mitspieler ablegen, aber keiner bot sich an. Ich will mich gerade rechtsrum drehen und schießen, da ruft Marco Bode mir zu: ›Nein, andersrum‹. Ich höre auf ihn, drehe mich linksrum, ziehe mit links einfach ab – und treffe. Der Schuss war etwas verdeckt und zudem noch leicht abgefälscht, das muss man dem tschechischen Keeper Kouba zugute halten, denn er sieht bei dem Tor etwas unglücklich aus.

Was dann folgte, war nur noch Jubel. Ich rannte los und zog mir das erste und einzige Mal in meinem Leben zum Torjubel das Trikot aus. Als Erster war Hässler bei mir, dann sprangen alle auf mich drauf. Marco Bode schaute noch kurz zum Schiri, ob Stefan Kuntz eventuell im Abseits stand, aber da kam kein Pfiff. Was dieses Tor für eine Bedeutung hatte, dass es Millionen von Menschen in Deutschland und weltweit gesehen haben, was es für sie bedeutet hat, das alles habe ich erst gar nicht realisiert. Wir haben einfach nur gejubelt. Dass ich die beiden Tore zum Titelgewinn geschossen habe, hat mich natürlich noch mehr gefreut.

Eine kleine Anekdote am Rande: Mehmet Scholl, der Spaßvogel im Team, hat intern Spitznamen verteilt. Mir verpasste er wegen meiner ›Schnelligkeit‹ den Namen Speedy. Im Finale wurde ich für Mehmet eingewechselt und machte dann die beiden Tore, und ich sagte ihm nachher: ›Siehst du, man muss nicht unbedingt schnell sein, sondern nur zum richtigen Zeitpunkt an der richtigen Stelle stehen.‹ Das reicht manchmal schon aus. «

Der Super-Minister
——————————————— *Mannis Kommentar*

Ich glaube nicht, dass Oliver Bierhoff im Anzug schläft. Aber ein Pyjama mit Twillseide aus Como darf es vermutlich sein. Er ist halt ein smarter Typ, ein »Business-Man« aus dem Bilderbuch. Das muss nicht jeder klasse finden, vor allem bodenständige, geerdete Fußballfiguren wie Rudi Völler, Uli Hoeneß und Michael Ballack hatten schon früh Probleme mit »Marketing-Olli«, wie sie den Nationalmannschaftsmanager abschätzig nannten. Aber Bierhoff hat sich nicht nur gehalten, er ist mittlerweile ein mächtiger Mann beim DFB. Einer von vier DFB-Direktoren, mit hundert Mitarbeitern, zuständig für alles rund um die Nationalmannschaft. Sein Vertrag läuft noch bis 2024, sein absolutes Renommierobjekt ist die mehr als 150 Millionen Euro teure DFB-Akademie in Frankfurt. Marketing, Trainerausbildung, Talentförderung – in der Akademie sollen dereinst die Grundlagen gelegt werden, um den deutschen Fußball in der Weltspitze zu halten. Oder ihn nach dem Desaster bei der WM in Russland wieder dorthin zu bringen.

Bierhoff war nie unumstritten. Weil er die von ihm sogenannte »betriebswirtschaftliche Denke« radikal auf die Nationalmannschaft übertragen hat. Bierhoff wurde vorgeworfen, die Nationalmannschaft als lukratives Geschäftsmodell zu begreifen, bei dem Werte wie Fankultur, Identifikation oder Patriotismus lediglich kühl kalkulierte Imagebestandteile sind. Nach der WM in Russland kochten diese Vorbehalte noch einmal hoch: mangelnde Nähe zu den Fans, ein künstliches Etikett wie »Die Mannschaft« – Bierhoff leistete Abbitte und möchte das Nationalteam wieder populärer machen. Kritisiert wurde auch die Wahl des öden WM-Quartiers Watutinki und sein irritierender Umgang mit dem Fall Mesut Özil, als er erst schwieg und Özil nach der WM dann zu einer Art Sündenbock erklärte.

Oliver Bierhoff vermarktet nicht nur »Die Mannschaft«, es war ihm auch immer ein starkes Bedürfnis, sich selber zu präsentieren und ordentlich Kasse zu machen. Der Kern der »Marke Bierhoff« wurde schon vor zwanzig Jahren durch eine Umfrage bei 2000 »Marktteilnehmern« ermittelt. Luxusuhren, Parfüms, Banken, Sportausrüster – in der ewigen Tabelle der deutschen Selbstvermarkter gehört Bierhoff ein stabiler zweiter Platz hinter Franz Beckenbauer. Seinen Vertrag mit Nike löste er allerdings auf, als er Einlass ins Adidas-Land DFB fand.

Bierhoff ist aber offensichtlich unfähig, einen radikalen Schnitt in seiner Werbebotschafter-Vita zu machen. Wer immer irgendetwas verkaufen will, wer nahezu alle Lebensbereiche ökonomisiert und als Ansammlung von »Produkten«

wahrnimmt, für den muss es ungeheuer schwer sein, Interessenkonflikte zu erkennen und Konsequenzen daraus zu ziehen. Erst Ende 2017, als er DFB-Sportdirektor wurde, löste Bierhoff beispielsweise seine Teilhabe an der Sportvermarktungsagentur Projekt B auf. Bis 2017 war er auch »SAP-Botschafter« und fand nichts dabei, während der WM in Brasilien und bei der EM 2016 in Frankreich den genialen Beitrag des Softwarekonzerns zum Erfolg der Mannschaft in einer Pressekonferenz vorzustellen. Gott sei Dank verzichtet der DFB-Direktor schon länger darauf, seine auf das Ökonomische verengte Weltsicht ideologisch in die Öffentlichkeit zu tragen. Das äußerte sich früher in Vorträgen für die Initiative Neue Soziale Marktwirtschaft, in denen Bierhoff das komplette neoliberale Waffenarsenal präsentierte. In dieses Bild passte auch die PR-Aktion gemeinsam mit der Atomlobby gegen die Laufzeitbegrenzung der deutschen AKWs im Jahr 2010.

Die lange Zeit zu besichtigende Mischung aus schniekem Outfit, Marktradikalismus und unverhülltem Eigennutz hat sich rund geschliffen, ohnehin fällt es nicht mehr sonderlich auf, Fußballfunktionäre vom Typus Bierhoff sind mittlerweile klar in der Mehrheit. Und am Machtfaktor Oliver Bierhoff kommt ohnehin niemand vorbei; wenn nicht unerwartete Skandale Erschütterungen auslösen, ist der DFB-Direktor auch mittelfristig eng mit der Entwicklung der Nationalmannschaft (oder auch: mit der Entwicklung von »Die Mannschaft«) verbunden.

Klaus Augenthaler
Ein Tor mit Weitblick

Am 20. August 1989 standen sich in der ersten Runde des DFB-Pokals Eintracht Frankfurt und Bayern München gegenüber. In der 34. Minute fasst sich Klaus Augenthaler ein Herz und zieht aus dem Mittelkreis ab – 1:0 für die Bayern, gleichzeitig auch der Endstand. Augenthaler erzählt:

»In der ersten Pokalrunde mussten wir nach Frankfurt, es war ein extrem heißer Tag. Das Spiel plätscherte so vor sich hin. Nach einer guten halben Stunde trieb ich dann den Ball aus der eigenen Hälfte nach vorne. Damals stand Uli Stein bei der Eintracht im Kasten, als Torwart ein sehr guter Fußballer, und der spielte bei den Frankfurtern immer als eine Art zusätzlicher Libero: Er stand weit vor dem eigenen Tor und verteilte auch mal die Bälle.

So war es auch, als ich mit dem Ball die Mittellinie passierte, Uli stand etwa am Sechzehner. Es war auch kein Gegenspieler weit und breit, niemand attackierte mich, und so hatte ich genug Zeit, noch einmal hochzuschauen und genau Maß zu nehmen – und abzuziehen. Das hatte ich mir nicht groß vorher überlegt, es ergab sich einfach. Der Ball flog aufs Tor zu, Stein sah das Unheil kommen, sprintete zurück und hechtete schließlich hinter dem Ball her – er konnte aber nicht mehr verhindern, dass er knapp unter der Latte ins Netz ging. Was ich auch sagen muss: Wir spielten mit neuen Bällen, die hatten einen super Zug – ich bin mir nicht sicher, ob das mit den vorherigen Bällen auch so genau gepasst hätte.

Es blieb das einzige Tor im Spiel, wir waren weiter. Uli Stein war nachher etwas angefressen, verteidigte aber seine Spielweise: ›Ich verhindere dadurch immer noch mehr Tore, als ich bekomme.‹ Uli war ein Freund von mir, schon bei der WM in Mexiko haben wir viel zusammen gemacht. Er ist ein fröhlicher Typ und hat es letztlich mit Humor aufgenommen, schon nach dem Spiel haben wir darüber geflachst.

Abends waren wir dann bei Freunden eingeladen, auch da war das Tor Thema Nummer eins, ich musste mich von allen fragen lassen: ›Bist du verrückt?‹ Dass ich tatsächlich von der Mittellinie schieße, das wollte im ersten Moment niemand glauben.

Mein Treffer wurde dann zum Tor des Jahres, später sogar zum Tor des Jahrzehnts gekürt. Im Pokal war in der Saison allerdings im Achtelfinale Schluss für uns. Dafür wurden wir am Ende souverän Deutscher Meister, wenige Wochen später hielt ich sogar den Weltmeisterpokal in den Händen. Was will man mehr? «

Augenthalers Job: leidender Angestellter
Mannis Kommentar

Klaus Augenthaler ist der Niederbayer an und für sich: Bierruhe, Gelassenheit, Starrköpfigkeit und ein unschlagbarer trockener Humor sind seine Markenzeichen. Als aktiver Fußballer war er 21 Jahre lang mit Bayern München verheiratet. Er interpretierte die aussterbende Libero-Rolle rustikal wie Schwarzenbeck und mit einer Spielübersicht wie Beckenbauer. Gefürchtet waren seine legendären Distanzschüsse.

Siebenmal wurde er mit Bayern Deutscher Meister. Als Nationalspieler wurde er 1986 Vizeweltmeister und 1990 Weltmeister. Nach kurzer Zeit als Co-Trainer schickte ihn Franz Beckenbauer zwecks »Sammeln von Erfahrung« hinaus in die weite Welt. Augenthaler war dann Cheftrainer in Graz, Nürnberg, Leverkusen und Wolfsburg. Über seinen Übungsleiter-Job sagte er einmal: »Fußball auf der Bank ist ein Leidensgeschäft, also bin ich ein leidender Angestellter.« Der doppelte Gag dabei: In Nürnberg, wo er derzeit wirkte, sagen sie wirklich »leidend«, wenn sie »leitend« meinen.

Schreiend komisch, wie er beim Grazer AK zum Schein seinen Rücktritt verkündete und damit den Posten für einen gewissen Albertas Klimawiszys aus Litauen freimachte. Dahinter verbarg sich der mit einem litauischen Schnauzbart verunzierte Hape Kerkeling. Die Spieler verließen beim ersten unkonventionellen Training unter Protest den Platz, als Kerkeling »Torschusstraining unter Kosmonauten-Bedingungen« einforderte: beim Schuss mit der einen Hand an die Nase, mit der anderen Hand ans Ohr fassen.

In Nürnberg bewarfen sie ihn zum Abschied – mit Weißbier; er soll sich dort sehr intensiv mit dem bayerischen Volksgetränk beschäftigt und sogar eine regelmäßig tagende »Weißbier-Connection« gegründet haben. Augenthaler bestritt den exzessiven Umgang mit Alkohol.

In die Annalen der Mediensatire ging seine Pressekonferenz am 10. Mai 2007 in Wolfsburg ein. Klaus Augenthaler führte die perfekte, 42 Sekunden dauernde Persiflage einer Fußballpressekonferenz auf, bei der er praktischerweise sowohl die Fragen als auch die Antworten vorgab:

»Wie ist die Stimmung, der Zustand der Mannschaft? – Die Mannschaft hat hervorragend gearbeitet.

Zur Taktik? – Ein oder zwei Stürmer.

Wie erwarten Sie den Gegner? – Aachen wird sicherlich Druck machen.

Ist die Mannschaft dem Druck gewachsen? – Die Mannschaft wird die Antwort auf dem Platz geben. Danke schön.«

Die Journalisten fühlten sich brüskiert; dabei hatten sie alles bekommen, was ihnen auch sonst von den Trainern vor

einem Bundesligaspiel serviert wird. Nie ist die himmel-
schreiende Banalität im alltäglichen sportjournalistischen
Frage-und-Antwort-Spiel brutaler demaskiert worden als
bei diesem Auftritt von Augenthaler.

Neun Tage später wurde Klaus Augenthaler in Wolfsburg
gefeuert. Danach kam er nicht mehr so richtig groß raus im
Trainergeschäft. Er trainierte noch den Drittligisten Unterhaching und den Landesligisten SV Donaustauf, bevor ihn die
Bayern zurück in die Familie holten: Seit 2017 bildet Augenthaler Nachwuchstrainer aus, kümmert sich um das internationale Jugendprogramm der Bayern und tritt im Vereinsfern-
sehen Bayern TV auf.

Dieter Müller
Ein Kölner Sixpack

Im Bundesligaspiel zwischen Köln und Bremen am 17. August 1977 erzielt Dieter Müller sechs Tore – ein bis heute unerreichter Rekord. Köln gewinnt 7:2 und wird am Ende der Saison Meister und Pokalsieger. Müller denkt mit Freude an das Spiel zurück:

» Leider gibt es von dieser auch für mich denkwürdigen Partie keine Fernsehbilder. Es war ein Nachholspiel und wurde nicht übertragen. Schade. Mein Gegenspieler war Horst-Dieter Höttges, der sehr unangenehm zu spielen war. Vor allem, wenn die Spiele in Bremen stattfanden, war er über die Maßen aggressiv, oft an der Grenze zum Erlaubten. Auswärts hielt er sich ein bisschen zurück.

Wir hatten allerdings eine Supermannschaft, es hatte geregnet, der Boden war rutschig, der Ball nass – das lag mir, das war mein Wetter: Fritz-Walter-Wetter. Ruckzuck hatte ich drei Tore erzielt, alle nach Standardsituationen, auf Vorlage von Flohe oder Neumann. So führten wir bereits in der 32. Minute mit 3:0, und das war durchaus schmeichelhaft für die Bremer, denn ich hätte eigentlich noch mehr Tore machen müssen.

Das Lustigste an dem ganzen Spiel war vielleicht, was ich erst hinterher von Jürgen Glowacz erfahren habe, der später von Bremen zu uns nach Köln wechselte: Höttges, der zur Belustigung vieler Spieler übrigens immer rote Fußballschuhe trug, wettete wohl im Vorfeld, dass ich gegen ihn kein Tor machen würde. So kann's kommen.

Wie im Rausch spielten wir uns dann zu diesem 7:2. Hennes Weisweiler trainierte uns zwar damals schon sehr fortschrittlich, aber heutzutage ist es wahrscheinlich schwieriger, viele Tore zu machen, weil Fußball viel schneller und athletischer geworden ist.

In der Nacht nach dem Spiel war ich immer noch extrem aufgeregt, lag die ganze Zeit wach im Bett, konnte nicht einschlafen und dachte: ›Das gibt's doch gar nicht, das gibt's doch gar nicht!‹ Wie viele Spieler war ich besessen, Tore zu machen. Vier Tore hatte ich ja schon öfter gemacht, aber diese sechs sollten nun in die deutsche Fußballgeschichte eingehen. Und dass es von diesem grandiosen Rekord keine Fernsehbilder gibt – ein Jammer! «

Dieter Müller und die anderen Jäger mit Riecher
────────────────── *Mannis Kommentar*

Früher war die Welt der Torjäger unkompliziert: Es gab zwei Grundtypen, die Brecher und die Wusel, dazu noch die Weitschuss- und die Freistoßexperten. »Spielende« Mittelstürmer waren nicht vorgesehen – wer nicht traf, konnte sich nicht damit herausreden, viel für die Mannschaft getan zu haben. Und die Aufforderung an die Nummer 9, »nach hinten zu arbeiten«, wäre als schlimme Beleidigung aufgefasst worden.

Die Brecher warfen sich in die Flugbahn des Balles, räumten mit brachialen Körperkräften alle menschlichen Hindernisse beiseite und rammten die Kugel ins Tor, bevorzugt mit dem Kopf. Horst Hrubesch, das »Kopfball-Ungeheuer«, war der herausragende (!) Vertreter dieser Spezies.

Gewaltfrei, aber extrem beweglich gaben sich die Wusel. Dieter Müller war eine Mischform, als sortenreines Wusel präsentierte sich der größte deutsche Torfabrikant aller Zeiten: »kleines, dickes Müller«. Gerd Müller hatte eine dramatisch gute Quote von 0,85 Toren pro Spiel, Namensvetter Dieter brachte es »nur« auf 0,58. Mit 365 Toren in 427 Bundesligaspielen liegt Gerd uneinholbar an der Spitze der Rekordliste. Dieter Müller (177 Tore in 303 Spielen) folgt auf Platz sieben, hinter Klaus Fischer, Jupp Heynckes, Manni Burgsmüller, Ulf Kirsten und Stefan Kuntz.

In der Nationalmannschaft war Gerd Müller quotenmäßig noch sensationeller: 68 Tore in 62 Länderspielen! Der Münchner lebte von seiner Beweglichkeit und der Fähigkeit, zum richtigen Zeitpunkt am richtigen Ort in der Nähe des Tores zu stehen. Torriecher nennt man das; ohne Torriecher ist der eher wuselige Strafraumspezialist ein Nichts. Und antrainieren kannst du diese besondere Funktion der Nase auch nicht.

Lästig ist auch das Denken vor dem Tor. An der Mainzer Uni ist gar eine Studie angefertigt worden, in der der Beweis geliefert wird: Das Abschalten des Gehirns zur rechten Zeit bringt viele Tore.

Der schlimmste Feind des Torjägers war früher die Abseitsfalle: Dann musste er nämlich zurücklaufen, was ansonsten gar nicht seine Art war. Heute ist es die von Statistik-Hooligans minutiös festgehaltene »Torflaute«. Da beginnt der Stürmer an seinem Lebenswerk zu zweifeln, wenn er montags lesen muss, dass er schon seit 478 Minuten nicht getroffen hat. Für diese schweren Fälle gibt es aber den Mentaltrainer. Womit bewiesen wäre, dass auch in der komplizierten Welt des modernen Fußballs eine Heilung möglich ist. Eine andere Form von »Heilung« wäre auch die Rückkehr zum »klassischen« Mittelstürmer. Mir persönlich bereiten aber auch die torgefährlichen und schnellen Dribbler und Doppelpassspieler à la Gnabry, Sané und Werner schon eine Menge Freude. Es muss nicht unbedingt gerammt und durchgebrochen werden.

Guido Winkmann
Elfmeter in der Halbzeitpause

*Die Bundesligapartie Mainz gegen Freiburg am 16. April 2018
war eines der umstrittenen Montagsspiele. Das Abstiegsduell
blieb aber aus einem anderen Grund unvergesslich:
Schiedsrichter Guido Winkmann ließ einen Handelfmeter für
die Mainzer in der Halbzeitpause ausführen. Der Unparteiische
berichtet über die skurrile Kapriole des Videobeweises:*

» Der ungewöhnliche Elfmeter in der Halbzeitpause war ja
nur ein Teil eines aufregenden Fußballabends. Denn es handelte sich bei der Partie Mainz gegen Freiburg um ein Mon-
tagabendspiel. Gegen Erstliga-Begegnungen am Montag gab
es von Anfang an Fanproteste. Im Falle Mainz-Freiburg hatten sich Fans aus beiden Lagern schon am Samstag zuvor im
alten Mainzer Stadion am Bruchweg getroffen, um unter
dem Motto ›Samstag 15.30 Uhr‹ einen Freundschaftskick
auszutragen. Am Spielabend selber gab es Protestplakate
und, im Innenraum hinter der Torauslinie, überdimensio-
nale Buchstaben, die die Parole ›Gegen Montagsspiele‹ bil-
deten. Die Fans mussten vor dem Anpfiff den Innenraum natürlich verlassen, deshalb fing das Spiel ohnehin mit ein
paar Minuten Verzögerung an. Später gab's noch Würfe von
unzähligen Klopapierrollen auf das Tor vor der Mainzer Fan-
tribüne. Außerdem begleiteten die Anhänger beider Mannschaften das Spiel über die volle Distanz mit Tröten und Tril-
lerpfeifen, die einen ähnlichen Sound wie damals die
Vuvuzelas bei der WM in Südafrika erzeugten.

Ein Nebeneffekt dieser Geräuschkulisse war, dass die Funkkommunikation mit der Videozentrale problematischer wurde. Die war zu dem damaligen Zeitpunkt ohnehin noch verbesserungswürdig, manchmal etwas leise, teilweise unverständlich. Zur Halbzeit stand es 0:0. Das dachte ich jedenfalls, als ich die ersten 45 Minuten abpfiff. Als ich den Platz verließ, hörte ich, wie sich zwei Mainzer Spieler über ein vermeintliches Handspiel eines Freiburgers aufregten. Meine Assistenten und ich hatten nichts dergleichen wahrgenommen.

Plötzlich hörte ich die Stimme der Videoassistentin Bibiana Steinhaus im Kopfhörer: ›Guido, warte!‹ Sie teilte mir dann mit, dass der Freiburger Marc-Oliver Kempf kurz vor Schluss im Strafraum möglicherweise Hand gespielt hatte. Ich sollte mir die Szene noch mal angucken. Sie können sich vorstellen, was mir in diesem Augenblick durch den Kopf schoss. Eine solche Situation hatte es in der Bundesliga noch nicht gegeben. Was konnte ich machen? Was durfte ich unter keinen Umständen tun? Kann sein, dass eine Reaktion bei mir erst wahrnehmbar war, als ich den Platz schon verlassen hatte. Es kommt aber nach den Regeln darauf an, dass ich noch auf dem Rasen von der Videoassistentin eine Meldung bekomme. Weil jenseits des Spielfeldes die Möglichkeit der Beeinflussung von außen größer wird. Und weil das so war, weil ich bei der Benachrichtigung durch Bibiana noch auf dem Feld war, durfte ich einen Elfmeter auch noch nach dem Halbzeitpfiff ausführen lassen. Dreimal habe ich mir die fragliche Szene dann im Video angeguckt, einer meiner Assistenten sagte noch: ›Bei den Umständen muss das aber jetzt wirklich ein ganz klares Handspiel sein.‹ Und das war es. Kempfs Hand fuhr im Fünfmeterraum ganz klar raus und patschte auf den Ball. Also Elfmeter.

Die Spieler waren schon in der Kabine, die mussten also wieder rausgeholt werden, denn von jeder Mannschaft müssen mindestens sieben Akteure auf dem Platz sein. Einige Freiburger weigerten sich zuerst rauszugehen. Aber dann, mit knapp sieben Minuten Verzögerung, standen sie alle am Sechzehner und beobachteten, wie der Argentinier de Blasis den Ball reinwuchtete. Ein Nachschuss wäre in der Situation übrigens nicht erlaubt gewesen. De Blasis machte dann später auch noch das 2:0.

Das Ergebnis beförderte den HSV und den 1. FC Köln in den fast sicheren Abstieg. Auch von daher war es also eine wichtige Entscheidung. Mir war schon in der Halbzeit klar: Das war jetzt ein Jahrhundertding! Natürlich wurde im Anschluss darüber heftig diskutiert. Es gab Gerüchte: Ich hätte die Ohrmuschel schon draußen gehabt; ich hätte das Signal von Bibiana erst außerhalb des Spielfeldes bekommen. Unser Video-Boss Lutz Michael Fröhlich hat dann den Sachverhalt im Gespräch mit dem Kicker ein für alle Mal klargestellt. Die Sache ist korrekt abgelaufen, obwohl ich mir schon vorstellen kann, dass viele Zuschauer damit ein Problem hatten. Vielleicht hätten sie im Kölner Video-Assist-Center auch noch etwas schneller handeln können. Aber das ändert nichts an der Feststellung: saubere Anwendung des Videobeweises, eindeutiger Elfmeter. Und für mich ein unvergesslicher Montagabend. «

Der Videobeweis und das Ende des eruptiven Jubels
——————————— *Mannis Kommentar*

Alle, die gedacht haben, nach Einführung des Videobeweises sei die Zeit der Diskussionen über Schiedsrichterentscheidungen vorbei, waren von Anfang an auf einem brüchigen Holzweg. Denn diese trügerische Hoffnung ließ den Ermessenspielraum außer Acht, den die Unparteiischen in vielen

Spielsituationen haben. In der Theorie klingt es erst einmal ganz gut: Der Videobeweis soll nur bei »klaren Fehlern« greifen; aber was ist denn schon klar? Vieles bewegt sich im Grenzbereich zwischen Regelverstoß und gerade noch erlaubt, da muss noch nicht einmal die abenteuerliche Auslegung der Handregel bemüht werden.

Gleichwohl müssen wir zwei Dinge sehen: Zum einen werden die Fans der Mannschaft, die gerade unter dem Videobeweis zu leiden hat, immer den Verdacht haben, verschaukelt worden zu sein. Ihnen geht es ja gerade nicht um Gerechtigkeit, sondern um den Erfolg der eigenen Mannschaft. Und zum anderen haben die Verantwortlichen nicht so ganz Unrecht, die uns die elektronischen Hilfsmittel überwiegend als Segen verkaufen wollen. Nachweisbar hat der Videobeweis in vielen Fällen den richtigen Pfiff bestätigt oder den falschen korrigiert. Im Übrigen: Fundamentale Zweifel sind selbstverständlich zulässig, sie werden den Videobeweis aber nicht ins Wanken bringen; er ist jetzt da und wird sicherlich nicht wieder abgeschafft. Bleibt also nur, an den Details zu arbeiten.

Überragend wichtig ist vor allem eine schnelle und funktionierende Kommunikation ohne Missverständnisse. Dann wird es solche absurde Situationen wie den Halbzeitelfmeter beim Spiel Mainz gegen Freiburg nicht mehr geben. Schiedsrichter Winkmann hat sicherlich formal korrekt gehandelt, das Ergebnis wirkt allerdings grotesk auf den durchschnittlichen Fußballfan, der eben kein hundertzwanzigprozentiger Regelexperte ist. Ein Grenzfall, eine Ausnahmesituation, wie sie so schnell nicht wiederkommen wird. Umso wichtiger wäre es in Mainz gewesen, die Zuschauer, ganz besonders die im Stadion, möglichst genau über den Entscheidungsprozess und die Grundlagen der Entscheidung zu informieren. Geschieht das nicht, trägt der Videobeweis eher zu Irritation und Entfremdung als zur Gerechtigkeit bei.

Eines wird sich aber auch bei ausreichender Information der Zuschauer nicht verhindern lassen, und das ist wirklich sehr schade: Immer wenn der Schiedsrichter jetzt auf Tor erkennt, lauern im Hintergrund der Zweifel und die mögliche Korrektur der Entscheidung. Der eruptive Torjubel ohne angezogene Handbremse ist nur noch sehr schwer möglich. So nimmt der Videobeweis dem Fußballspiel leider etwas von den spontanen emotionalen Höhenflügen, die zu einem guten Teil den Reiz des Fußballs ausmachen.

Günter Netzer

Selbst eingewechselt und eingenetzt

Im Pokalfinale 1973 zwischen dem 1. FC Köln und Borussia Mönchengladbach in Düsseldorf wechselte sich Günter Netzer in seinem letzten Spiel für die Borussia (er ging zu Real Madrid) in der Verlängerung selbst ein und schoss wenig später das entscheidende 2:1. Ein Interview mit Günter Netzer:

Breuckmann: »Herr Netzer, war das nicht ein unglaubliches Triumphgefühl nach Ihrer Selbsteinwechslung und dem entscheidenden Tor?«

Netzer: »Nein, war es überhaupt nicht. Ich hab mich riesig über das Tor gefreut, ich hab mir gedacht, hoffentlich halten wir den Vorsprung, aber Triumph? Nein.«

Breuckmann: »Aber fühlten Sie sich von Weisweiler nicht gedemütigt angesichts Ihres feststehenden Weggangs nach Madrid?«

Netzer: »Auch das ist eine Legende. Begeistert war ich nicht, aber es war ja eine richtige Entscheidung. Ich hatte nicht gut trainiert, meine Mutter war gestorben, meine Gedanken waren nicht beim Fußball, es war nicht abwegig, mich auf die Bank zu setzen.«

Breuckmann: »Stimmt es, dass der Trainer Sie in der Pause bringen wollte?«

Netzer: »Ja, das hatte er vor, aber da habe ich mich geweigert. Ich habe gesagt, da gehe ich nicht rein, da gibt es im Moment nichts zu verbessern in der Mannschaft.«

Breuckmann: »Und dann gehen Sie in der Verlängerung für Kulik rein, ohne den Trainer zu fragen, und drei Minuten später rappelt's.«

Netzer: »Das war so. Es war aber keine bewusste Rebellion oder Protestaktion. Ich kann die Szene bis heute nicht nachvollziehen. Instinkt, Intuition, nennen Sie es, wie Sie wollen, es ist einfach passiert.«

Breuckmann: »Zu Weisweilers Lebzeiten haben Sie nie über den rasanten Auftritt gesprochen.«

Netzer: »Da war zu viel Respekt. Der Mann hat mich gemacht, der hat mich groß gemacht. Er war ein einfacher Mensch, aber ein Riese als Trainer. Er sprach die Sprache der Spieler.«

Günter Netzer – kein Außerirdischer
————————————— Mannis Kommentar

Der Rebell am Ball, der blonde Langmähnige, der mit seinem Ferrari vor der eigenen Diskothek Lover's Lane vorfährt, der Selbsteinwechsler von Düsseldorf, der langjährige, erfreulich kritische Nationalmannschaftsexperte mit Partner Gerd Delling – alles keine Klischees, aber tausendmal durchgekauter Teil der Realität.

Ein Welt-online-Autor mit offenbar guten Kontakten zum Jenseits setzte 2008 die These in die Welt, Netzer mit seiner außerirdischen Frisur sei ein Zombie, ein Untoter, der nicht zufällig im Fernsehen nur oberhalb des Bauches gezeigt werde. Es gibt allerdings zahlreicher Belege dafür, dass der »Jünter« mitten im Leben steht, besonders im Wirtschaftsleben. Günter Netzer ist ein Strippenzieher hinter den Kulissen des Sportgeschäfts, ein Milliarden-Jongleur, der diesen Teil seiner Existenz aber nicht mit öffentlichen Auftritten garniert. Dass er das werden konnte, hängt mit seiner Intelligenz zusammen, mit seinem Geschäftssinn und mit der Zurückhaltung, die die wirklich großen Kaufleute auszeichnet.

1977, als er seine aktive Karriere beendete, war Netzer Herausgeber der Mönchengladbacher Stadionzeitschrift Fohlenecho. Er bot dem Hamburger SV an, auch dessen Blättchen zu verlegen. Der HSV-Präsident stimmte zu, aber unter der Bedingung, Netzer müsse Manager des Traditionsclubs werden.

So geriet der Gladbacher ins Sport-Business. Nach acht erfolgreichen Jahren beim HSV wechselte er ins Vermarkterfach, zunächst bei CWL, einer Schweizer Sportvermarktungsfirma. Später begab er sich in das Reich des legendären Leo Kirch, stand an der Spitze von KirchSport, wo unter anderem die 2,8 Milliarden Schweizer Franken schweren Übertragungsrechte der Fußballweltmeisterschaften 2002 und 2006 zu Hause waren. Als das Kirch-Imperium zusammenbrach, hatte Netzer Glück: KirchSport war eine ausgegliederte Gesellschaft und gehörte nicht zur Insolvenzmasse. Trotzdem mussten neue Investoren her. Die fand Netzer unter anderem mit dem ehemaligen Adidas-Chef Robert Louis-Dreyfus und dem Kaffeeerben Christian Jacobs. Aus KirchSport wurde die Infront Sports & Media AG.

Über die Höhe der Beteiligung Netzers am Unternehmen kursieren unterschiedliche Zahlen, von 1,25 bis zu 10 Prozent. 2017 hat sich Günter Netzer aus der Firma Infront zurückgezogen. Über sein materielles Wohlergehen braucht sich niemand Sorgen zu machen, der wöchentliche Einkauf in seinem Schweizer Lieblingssupermarkt Migros ist gewährleistet.

Ganz kurz und vorübergehend drohte Günter Netzer auch in den Strudel der vermeintlichen Bestechungsaffäre um die WM 2006 zu geraten. Der ehemalige DFB-Präsident Theo

Zwanziger plauderte aus, Netzer habe in einem privaten Gespräch über Schmiergelder an die vier asiatischen Mitglieder des FIFA-Exekutiv-Komitees berichtet. Für die sei das ominöse 6,7-Millionen-Euro-Darlehen von Robert Louis-Dreyfus an Franz Beckenbauer bestimmt gewesen. Netzer fuhr sofort die erforderlichen juristischen Kanonen auf und ließ Zwanziger untersagen, derlei Geschichten zu wiederholen. Immerhin sei Netzers Ehefrau Elvira während des gesamten Gesprächs mit Zwanziger anwesend gewesen und habe nichts von Korruptionserzählungen mitbekommen.

Bei seinen Jobs als Zeitungskolumnist und Fernsehexperte durfte Günter Netzer mit Wohlgefallen auf die TV-Bandenwerbung blicken, die, so die Infront Germany-Homepage, »aus nahezu jeder Kameraperspektive komplett lesbar« ist. Selbstverständlich auch bei den Länderspielen der DFB-Auswahl, die zur Infront-Kundschaft gehört und deren Darbietungen Netzer in der ARD begutachtete. In einem Land, in dem die Lichtgestalt Franz Beckenbauer in seiner Zeit als Präsident des Branchenführers Bayern München die Spiele seines eigenen Vereins als Fernsehexperte bewerten durfte, kann Netzer sich darauf verlassen, dass über seine Frisur allemal mehr geredet wurde (und immer noch wird) als über die unmittelbare Nachbarschaft von Geschäft und journalistischer Tätigkeit. Mittlerweile, weit in den Siebzigern, hat er sich aus jeglicher »operativen Tätigkeit« zurückgezogen und genießt das süße Nichtstun.

Edi Finger

»I wer' narrisch!«

*Im letzten Gruppenspiel bei der WM 1978 trafen im
argentinischen Córdoba die Mannschaften aus Deutschland
und Österreich aufeinander – und die Österreicher gewannen
mit 3:2. Beide Mannschaften schieden daraufhin aus
dem Turnier aus. Legendär ist vor allem die spektakuläre
Radioübertragung des Reporters Edi Finger vom
österreichischen Rundfunk:*

» Und jetzt kann Sara sich noch einen aussichtslos scheinenden Ball einholen, Pass nach links herüber, es gibt Beifall für ihn, da kommt Krankl […] in den Strafraum – Schuss … Tooor, Tooor, Tooor, Tooor, Tooor, Tooor! I wer' narrisch. Krankl schießt ein – 3:2 für Österreich! Meine Damen und Herren, wir fallen uns um den Hals; der Kollege Rippel, der Diplom-Ingenieur Posch – wir busseln uns ab. 3:2 für Österreich durch ein großartiges Tor unseres Krankl. Er hat olles überspielt, meine Damen und Herren. Und warten's noch ein bisserl, warten's no a bisserl; dann können wir uns vielleicht ein Vierterl genehmigen. Also das, das musst miterlebt haben. Jetzt bin i aufgstanden, alle Südamerikaner […] i glaub jetzt hammas gschlagn! Angriff aber der Deutschen, aufpassen, wieder Kopfabwehr. Das Leder kommt hinüber nach links zu Pezzey – Pezzey, aber Burschen jetzt follts net um hinten, bleibts aufrecht stehn. Noch zwei Minuten, das Leder wieder bei Österreich, noch wolln ma nichts verschreien. Jetzt kommt die Flanke in den Strafraum und da Kreuzer hot scho wieder abgewehrt!

Die Deutschen ham alles nach vorn beordert. Eine Möglichkeit für Abramczik. Und!? Daneeeeben! Also der Abraaaamczik – obbusseln möcht' i den Abramczik dafür. Jetzt hat er uns gehooolfn. Allein vor dem Tor stehend. Der braaave Abramczik hot daneben gschossn. Der Orme wird si' ärgern. Noch 30 Sekunden. 3:2 für Österreich. Nach 47 Jahren meine Damen und Herren liegt eine österreichische Nationalmannschaft, aber wos für ane, eine Weeeeltklassemannschaft die da heute spielt gegen die Bundesrepublik mit 3:2 in Führung. Und jetzt trau i mi scho gar net mehr hinschauen. Aussigschossen ins Out. Schiedsrichter Klein aus Israel, ein ganz hervorragender Schiedsrichter, er hat es nicht leicht heut ghabt, aber hat bis jetzt klasse gepfiffen. 45. Minute, noch einmal Deutschland am Ball und Prohaska haut den Ball ins Out.

Und jetzt ist auuus! Ende! Schluss! Vorbei! Aus! Deutschland geschlagen meine Damen und Herren nach 47 Jahren kann Österreich zum ersten mal wieder Deutschland besiegen! «

Das Radio ist tot, es lebe das Radio
—————————— *Mannis Kommentar*

Edi Finger war ein Urviech, einer, der sich seiner Gefühle und seiner hemmungslosen Subjektivität an keiner Stelle schämte. Das macht seine Schilderung von 1978 so unvergesslich, so witzig, so temperamentvoll und so dramatisch.

Die Österreicher hatten schon vorher einen, der bei seinen Reportagen kabarettistische Glanzleistungen ablieferte: Heribert Meisel. 1951 übertrug er das Länderspiel Österreich gegen Deutschland für die Rundfunkanstalten beider Länder: »Jessas, Maria, das österreichische Tor ist leer! Jöh, jöh! Na bitte, net! Schuss! Tor! Deutschland führt gegen die Fußballgroßmacht Österreich!«

Eher staatstragend und überhaupt nicht alpenländisch-heißblütig ging es bei der ersten Fußballübertragung im deutschen Radio zu: Bernhard Ernst hieß der Pionier, der am 1. November 1925 das Spiel Preußen Münster gegen Arminia Bielefeld aus dem Münsteraner Preußenstadion in den Äther schickte. Der gleiche Bernhard Ernst kommentierte auch das WM-Finale 1954 – im Fernsehen! Was in den Köpfen hängen blieb, war allerdings die historische Reportage von Herbert Zimmermann im Radio. In Deutschland gab es damals nur 80 000 Fernsehgeräte, vielleicht eineinhalb Millionen Zuschauer drängelten sich vor Schaufenstern und in Kneipen um die kleinen Guckkästen. Die übergroße Mehrheit hörte Radio, das Wunder von Bern war der letzte große Radio-Fußball-Straßenfeger.

Zwölf Jahre später war Herbert Zimmermann auch der Radioreporter beim WM-Finale 1966 mit dem Wembley-Tor (siehe Seite 69); das war jedoch schon ein Fernsehereignis, die Fußballfans erinnern sich an den sparsamen TV-Kommentar von Rudi Michel. Fußball ist schon lange zuallererst Fernsehsport, Radiomacher betäuben ihren Schmerz darüber gerne mit dem Hinweis auf die Legionen von Fans, die den unerträglichen Fernsehton ausschalten und dem genialen Radiokommentar lauschen.

Seinen festen Platz hat der Radio-Fußball aber immer noch am Samstagnachmittag. Solange die vom Pay-TV forcierte Aufsplitterung der Spieltage nicht zu neun verschiedenen Anstoßzeiten führt. Bei der derzeit noch quicklebendigen Bundesliga-Konferenzschaltung – speziell an den letzten Saisonspieltagen im Mai – gucken längst nicht alle Bezahl-TV. Um die Jahrtausendwende war es besonders dramatisch: der Abstiegskrimi 1999 mit dem Nürnberg-Desaster (Günther Koch: »Ich melde mich vom Abgrund«), Leverkusens Blackout 2000 in Unterhaching (ein paar Kilometer weiter wurden die Bayern Meister), die Schalker »Meisterschaft der Herzen« 2001 und der Dortmunder Herzschlag-Triumph 2002.

Die Ideologen des »modernen« Radios geben sich zwar Mühe, mit viel Musik, Jingles und Gewinnspielen die Fußball-reportage zu strangulieren. Der Radioreporter von heute wird gezwungen, Häppchenkost in atemberaubenden zwanzig oder fünfundvierzig Sekunden abzusondern, umrahmt von unsäglichem Boulevard-Geblubber und »gebrandet« als Bundesliga-Show. Und zwischendurch dürfen die Hörer (die selbstverständlich nichts vom Spiel gesehen haben) über Facebook die Frage aller Fragen beantworten: Kann Gladbach das Spiel noch drehen? Da lautet die Diagnose des Medien-doktors: chronische Kurzatmigkeit (»morbus focus«) bei gleichzeitiger zwanghafter Flachschwätzerei (»morbus katzenberger«). Aber: Es gibt Trost in den tiefen Tälern der gleichförmigen Radiowelt mit dem ewig gleichen Charts-Gedudel: Die Krankheit ist nicht lebensbedrohend, der Patient Radiofußball atmet noch, ein zäher Bursche, der sich einfach weigert, den Löffel abzugeben. Tooooor!

Wolfgang Seguin

Magdeburg schlägt Mailand und keiner schaut zu

Der 1. FC Magdeburg gewinnt das Europapokalfinale der Pokalsieger am 8. Mai 1974 in Rotterdam mit 2:0 gegen den AC Mailand und sorgt so für den ersten und einzigen Europapokalsieg einer DDR-Mannschaft. Wolfgang Seguin erzielte dabei das 2:0 und denkt noch einmal zurück:

» Wohl noch nie hat ein europäisches Pokalendspiel vor so einer trostlosen Kulisse stattgefunden wie unser Spiel gegen den AC Mailand. Nur rund 5000 Zuschauer verirrten sich ins Rotterdamer Stadion, darunter eine Handvoll Funktionäre aus der DDR, die keine Stimmung machten. Das war bitter, aber bei uns überwog natürlich die Freude, dass wir überhaupt im Finale standen, dazu noch gegen so eine Weltklassemannschaft wie den AC Mailand mit all den Starfußballern.

Wir waren am Montag – das Spiel fand an einem Mittwoch statt – vorher angereist, wir konnten also noch zweimal in Ruhe trainieren. Unsere Konzentration war voll und ganz auf das Spiel gerichtet, von Kontrollen oder Überwachung haben wir nichts bemerkt. Wir durften uns relativ frei bewegen und haben sogar einen Einkaufsbummel durch die Stadt gemacht.

Unser Trainer Heinz Krügel hatte uns für das Spiel perfekt eingestellt. Und unsere Ausgangslage war ja gar nicht so schlecht, waren wir doch in der Rolle des Underdogs und hatten nichts zu verlieren. Wir konnten also locker ins Spiel gehen. Und tatsächlich erwischten wir den besseren Start. Vielleicht lag es auch am Regen, der den Mailändern nicht so gefiel. Mir hat er zumindest sehr zugesagt, ich spiele gern bei Regen. Ich weiß noch, dass es ein ausgesprochen faires Spiel war. Lanzi sorgte dann mit einem Eigentor für das verdiente 1:0, und als ich in der 74. Minute zum 2:0 einnetzte, wusste ich, dass das die Entscheidung war. Auch danach kam von den Mailändern nicht mehr viel, wir kontrollierten weiterhin das Geschehen – und machten so den einzigen Europapokalsieg der DDR-Fußballgeschichte perfekt.

Im gleichen Jahr gewannen die Münchner Bayern übrigens den Pokal der Landesmeister, es hätte also ein deutsch-deutsches Duell um den Supercup geben müssen. Das Spiel fand jedoch nie statt. Begründung: Es konnte kein Termin gefunden werden. In Wirklichkeit lag es wohl eher daran, dass uns die Teilnahme vom eigenen Verband nicht gestattet wurde.

Diesen großen Sieg feiern wir weiterhin jedes Jahr mit einem Treffen, alle Ehemaligen mit Familien sind eingeladen. Wir machen einen Ausflug, es gibt ein kleines Rahmenprogramm – und im Rahmen unserer verbliebenen Möglichkeiten spielen wir natürlich Fußball. «

Magdeburg Europapokalsieger? Im Westen hat's keinen interessiert
—————————————— *Mannis Kommentar*

5000 Zuschauer bei einem Europacup-Finale – ein paar Jahre später gab es noch eine Steigerung: Das Endspiel im Europapokal der Pokalsieger 1981 in Düsseldorf zwischen Dinamo Tiflis und Carl-Zeiss Jena sahen ganze 4700 Fußballfans. Die europäischen Höhenflüge der DDR-Clubs fanden unter Ausschluss der westlichen Öffentlichkeit statt. Bei der Weltmeisterschaft 1974 in der Bundesrepublik wurden die Fußballfans zwischen München und Hamburg zwischendurch aber doch, ob sie wollten oder nicht, mit der Nase auf den DDR-Fußball gestoßen. Die Parole lautete: Sparwasser.

Zapf, Pommerenke, Gaube, Raugust? Die Spieler des FC Magdeburg hingegen waren nur einigen Spezialisten im Bundesliga-Land bekannt. Selbst der Name des Meistertrainers Heinz Krügel hätte außerhalb der heutigen neuen Bundesländer nur Achselzucken erzeugt.

Zehn Jahre lang trainiert Krügel die Magdeburger, von 1966 bis 1976. Vorher war er sogar mal zwei Jahre lang Nationaltrainer der DDR gewesen. In Magdeburg wurde er dreimal Meister, dreimal Pokalsieger und – als einziger DDR-Club – Europapokalsieger. Der Sachse Krügel starb im Oktober 2008 mit 87 Jahren, im Osten war er eine Legende, beim FC Magdeburg gehörte er zum Inventar.

Obwohl: 1976 hatte er Riesenärger mit der Partei bekommen. Krügel wurde lebenslänglich gesperrt und zu einem unterklassigen Club abgeschoben. Er habe, so hieß es als Begründung im sozialistischen Bürokratendeutsch, »die Leistungsentwicklung der Olympiakader des 1. FC Magdeburg ungenügend gefördert«. In Wirklichkeit wurde Krügel für seine Aufmüpfigkeit sanktioniert. Der knorrige Übungsleiter hatte es sich immer verbeten, wenn die SED-Bezirksleitung in seine Arbeit hineinregieren wollte. Ganz besonders unbeliebt machte er sich, als bei einem Europapokalgastspiel von Bayern München die Kabine der Gäste verwanzt werden sollte. Krügel sagte Nein und verwies auf die sportliche Gastfreundschaft. Die Antwort der Partei kam postwendend – sie warfen ihn mit einer vorgeschobenen verlogenen Begründung von der Trainerbank.

Zwei Jahre zuvor war der als Analytiker und Motivator geschätzte Fußballlehrer noch der große Held gewesen. »Hast du das verstanden, mein Freund?« war einer seiner Lieblingssätze, und seine Jungs hatten es tatsächlich zu hundert Prozent begriffen, wie die hoch favorisierte Mannschaft von Giovanni Trapattoni – ja, der war schon 1974 Trainer! – zu knacken war. Mit »hohem Tempospiel, mit taktischer Disziplin, mit guten Willensqualitäten, einer soliden Technik, der Zielstrebigkeit, in der Mitarbeit der Aktiven bei der praktischen und theoretischen Ausbildung«, schrieb das Neue Deutschland nach dem Finale.

Die Jenaer, die 1981 mit Hans Meyer ins europäische Endspiel vorstießen, waren nicht so erfolgreich wie der FC Magdeburg: Sie verloren gegen Dinamo Tiflis mit 1:2.

Jürgen Klopp

Mainz und der Aufstieg – aller guten Dinge sind drei

Am 23. Mai 2004 siegt Mainz 05 am letzten Spieltag der Zweiten Bundesliga mit 3:0 gegen Eintracht Trier und macht so nach einem furiosen Endspurt und im dritten Anlauf hintereinander endlich den Aufstieg in die Erste Liga perfekt. Der Trainer Jürgen Klopp blickt zurück.

» Wir haben ein paar Mal geübt, um den Sprung ins Oberhaus zu schaffen, aber dass wir es ausgerechnet 2004 schaffen, hätte ich nicht gedacht. 2002 verspielten wir den Aufstieg am letzten Spieltag durch ein 1:3 bei Union Berlin, in einer derart feindseligen Kulisse, wie ich sie nie wieder kennengelernt habe – und die auf einem Missverständnis beruhte. Ich hatte zuvor gesagt, dass die Berliner ähnlich wie Kaiserslautern spielten: Lange Bälle nach vorne, die dann von Ristic abgelegt werden. Diese Äußerung drehte dann die Berliner Presse so um, dass ich gesagt hätte, Union habe keine Spielkultur. Nach dem Spiel rutschten die Berliner Spieler auf Knien vor unsere Bank und machten obszöne, derbe Gesten. Eine sehr hässliche Erinnerung. Wir scheiterten mit 64 Punkten – nie ist eine Mannschaft mit so vielen Punkten nicht aufgestiegen, ein toller Rekord.

2003 war es noch enger. Wir kämpften mit Frankfurt und Fürth um den dritten Aufstiegsplatz, Fürth war mit einer Niederlage schnell aus dem Rennen. Wir gewannen deutlich mit 4:1 in Braunschweig, ließen sogar viele gute Chancen für einen noch höheren Sieg liegen. Bei Abpfiff waren wir wegen des besseren Torverhältnisses bereits aufgestiegen. Aber in Frankfurt wurde noch gespielt, und durch zwei Tore in der Nachspielzeit zog die Eintracht noch vorbei. Wieder scheiterten wir in einem unfassbar spannenden Finale. Und wie schon im Vorjahr wurden wir in Mainz trotzdem gefeiert wie die Helden, das war sensationell.

In der Saison 2003/2004 waren wir hingegen fast nie in der Spitzengruppe dabei. Am 29. Spieltag verloren wir klar in Fürth, der Aufstieg schien gelaufen. Doch in den letzten fünf Saisonspielen liefen die Jungs noch einmal zur Hochform auf und blieben bis zuletzt in Reichweite des dritten Platzes, trotz eines mageren 0:0 gegen Regensburg am vorletzten Spieltag. In der Mannschaft wurden SMS verschickt: ›Wenn die anderen nicht wollen, dann eben wir!‹ Und tatsächlich schlugen wir Trier dann mit 3:0, während die Aachener gleichzeitig eine 0:1-Niederlage beim KSC kassierten. Ich weiß noch, wie ich die letzte Viertelstunde des Spiels mit leerem Blick am Spielfeldrand stand und gar nichts mehr mitbekam. Ich wartete nur noch auf das Ergebnis aus Karlsruhe. Ein Bild, das sich mir eingebrannt hat, ist ein Junge mit einem Radio am Ohr am Tribünenzaun, der schließlich in Zimmermann-Manier ›Aus! Aus! Aus!‹ rief – Aachen hatte tatsächlich verloren, wir waren aufgestiegen!

Kurios war, dass Michael Thurk zwei Tore für uns schoss. Er hatte nämlich bereits bei Energie Cottbus unterschrieben und schoss sich somit quasi selbst aus der Bundesliga, denn auch Cottbus war im Aufstiegsrennen mit dabei gewesen. Aber ein halbes Jahr später kehrte er zu uns zurück und durfte dann doch noch Erste Liga spielen. «

Nur ein Karnevalsverein?

———————————————— *Mannis Kommentar*

Es gibt blinde Fußballfans, die können ein Fußballstadion an der Kulisse erkennen. Im Falle des FSV Mainz 05 fällt das nicht besonders schwer; denn die Määnzer sind bekanntlich, ähnlich wie der 1.FC Köln, ein Karnevalsverein. Das Stadion-Liedgut trägt dem in beiden Fällen Rechnung. Während die Kölner sich den Klassikern der Höhner und der Bläck Fööss verschrieben haben (»Kölle, do ming Stadt am Rhing«), schmettern die Mainzer inbrünstig die alten Gassenhauer der Mainzer Fastnacht: »Humba, humba, täterä«, »Rucki, zucki«, »Am Rosenmontag bin ich geboren«. Wenn einer verletzt am Boden liegt, klingt es »Ui-jui-jui-jui-jui-jui-jui, au-wau-wau-wau-au!«, und der Torjubel wird mit dem Mainzer Narhalla-Marsch untermalt. Fußball und Fastnacht sind eben stimmungsmäßig Geschwister.

Die Mainzer sind aus dem Nichts zu einem der wenigen deutschen Kult-Clubs geworden. In den Achtzigern spielten sie noch gegen Duttweiler und Saarwelling, in den Neunzigerjahren vegetierten sie im Niemandsland der Zweiten Liga, drei- bis viertausend ganz Abgebrühte kamen zu den Heimspielen. Das änderte sich am Rosenmontag (!) 2001, als der Verteidiger Jürgen Klopp zum Trainer gemacht wurde. Es gab im Fußball selten eine so perfekte Liaison. Mit Klopp ging es nur noch aufwärts, nach zwei schweren Frustrationen sogar für drei Jahre in die Bundesliga und in den UEFA-Cup. Mit zweijähriger Unterbrechung spielt Mainz seit 2004 erstklassig. Nach dem Aufstiegstrainer Klopp kam noch zwischen 2009 und 2014 der ehrgeizige Thomas Tuchel. Beide sind mittlerweile bei Weltklasse-Clubs gelandet, Tuchel in Paris und Klopp in Liverpool. Auch darauf können die Meenzer stolz sein.

Bis 2011 fanden die Mainzer Karneval-Fußballfeste 72 Jahre lang in einem Stadion statt, das einmal auf der Mainz-05-

Homepage als »wunderschönes Schmuckkästchen« beschrieben wurde. Ein hübscher Beleg dafür, dass der Mainzer Internetauftritt offensichtlich unter dem Einfluss von rheinhessischem Riesling entsteht. Wettgemacht wurde der rustikale Barackencharme des Bruchweg-Stadions durch ein sensationelles Publikum. Nur an wenigen Orten gibt es eine vergleichbare Identifikation mit einem Fußballclub. »Das ist wie mit dem Glauben«, sagte ein Fan, »man bleibt dabei, in guten und in schlechten Zeiten.« So muss es sein in einer Domstadt! Von der christlichen Grundhaltung gespeist ist wohl auch die wenig aggressive Stimmung gegenüber dem Gegner und seinen Fans; die werden nämlich mit Beifall begrüßt.

Die neue 34 000-Zuschauer-Arena wird den Ansprüchen des modernen Fußballs gerecht. Und das Wichtigste: Das Mainz-05-Feeling ist in dem sehr britisch wirkenden Stadion nicht verloren gegangen. Die Mainzer mit ihren Höhen und Tiefen gehören immer noch zu den erfreulichen, weil bodenständigen Erscheinungen im aufgeblasenen Bundesliga-Showbusiness.

Uwe Seeler
Die Revanche für Wembley

Am 14. Juni 1970 standen sich bei der WM in Mexiko im Viertelfinale Deutschland und England gegenüber. Uwe Seeler erzielte mit dem Hinterkopf den späten Ausgleich zum 2:2, in der Verlängerung entschied Deutschland das Spiel dann mit 3:2 für sich. Eine späte Genugtuung, wie nicht nur Seeler empfand:

» Die Revanche für Wembley – das war unser Vorsatz vor dem Spiel, und so wurde auch nachher in Zeitungen getitelt. Auf jeden Fall gingen wir hoch motiviert in das Spiel hinein, das dann aber erst einmal gar nicht so lief, wie wir uns das vorgestellt hatten. Zur Halbzeit stand es 1:0 für die Engländer, die Mittagshitze und die mexikanische Höhenluft von León machten eine Aufholjagd nicht leichter. Es herrschten 50 Grad auf dem Platz, nirgendwo gab es Schatten – die Sonne knallte fast senkrecht vom Himmel. Wegen der Fernsehübertragung fanden alle Spiele mittags statt. Der Platz musste dreimal täglich gesprengt werden, damit er nicht verbrannte. Trinken konnten wir fast nur während der Halbzeit, ein Mundspray verhinderte, dass der Mund austrocknete. Während der WM habe ich drei bis vier Kilo verloren! Es galt also, den Ball laufen zu lassen und gleichzeitig das eigene Laufen einzuschränken.

Kurz nach der Pause erhöhten die Engländer auf 2:0. Wir merkten aber, dass sie sich des Sieges schon zu gewiss waren, sie wechselten – das war bei dieser WM erstmals möglich –

»Ich hatte gesehen, dass Bonetti zu weit vor dem Kasten stand.«

Bobby Charlton früh aus, um ihn zu schonen. Und wir gaben nicht auf.

Ich wollte es den Kritikern zeigen, vor allem den Medien. Nach einer schweren Rückenverletzung war ich erst 1969 ins Nationalteam zurückgekehrt, viele sahen mich mit meinen 33 Jahren als zu alt für Mexikos Hitze und Höhenluft. Meinen Job als freier Handelsvertreter für Adidas hatte ich zurückgeschraubt – allein vom Fußballspielen konnte man damals noch nicht leben, in der Liga verdiente ich 1250 Mark brutto! – und vor der WM hart trainiert. Bundestrainer Helmut Schön und die Mannschaft glaubten an mich. Und das versuchte ich zu rechtfertigen.

In der 69. Minute gelang Beckenbauer der Anschlusstreffer, wir waren wieder dran. Und dann die 82. Minute. Langer Pass von Schnellinger nach vorne. Ich musste rückwärts laufen, um den Ball zu erreichen, drehte mich etwas zur Seite, sprang mit einem Bein hoch und erwischte den Ball mit dem seitlichen Hinterkopf. Ich hatte aus den Augenwinkeln gesehen, dass der Torwart Peter Bonetti zu weit vor dem Kasten stand, und wollte den Ball über ihn hinwegköpfen. Dass er dann tatsächlich im hinteren Winkel zum 2:2 einschlug, dazu gehört dann natürlich auch das berühmte Quäntchen Glück.

Ich dachte mir: Jetzt packen wir sie. Bei der Hitze und nach der Aufholjagd waren wir in der Verlängerung im psychologischen Vorteil. Und so war es dann auch, 3:2 in der Verlängerung.

Die Engländer zeigten Respekt und erkannten unseren Kampfgeist an, auch die Presse. Einige Spieler wie Bobby Charlton oder Geoffrey Hurst treffe ich gelegentlich wieder, es ist immer ein herzliches Wiedersehen.

Meinen Einsatz habe ich also durchaus gerechtfertigt, und auch die Kritiker zu meinem Alter und mangelnder Fitness habe ich Lügen gestraft: Ich habe die 120 Minuten durchgespielt. «

»Uns Uwe«

 *Mannis Kommentar*

Der Name Uwe Seeler erzeugt Bilder im Kopf: Das Hinterkopftor gegen die Engländer, klar. Uwe, wie er nach dem 66er Wembley-Finale gesenkten Hauptes, von zwei Bobbies eskortiert, den Platz verlässt. Und immer wieder gerne: Uwe pfeifend (»Im Frühtau zu Berge ...«) vor dem Toilettenspiegel, das Rasierwasser auf Kinn und Wangen tätschelnd; das Pfeifen erstirbt, weil das Fläschchen zu Ende geht, und dann wieder, mit neuer Flasche, kräftig weiterpfeifend. Übrigens: Das Rasierwasser mit dem domestosähnlichen Duft hieß Pitralon! Nicht Hattric, wie gerne fälschlich behauptet wird.

Uwe Seeler, die Torfabrik, der ehrliche Kämpfer, immer geradeaus, bescheiden, unverrückbares Inventar des HSV, mit sich selbst im Reinen. »Ich musste mich nie verstellen«, hat er mal gesagt. »Für mich gab es den Beruf und den Sport, und da wollte ich etwas leisten und etwas erreichen.«

Etwas erreicht hat er: 237 Oberligaspiele und 239 Bundesligaspiele für den HSV mit insgesamt 404 Toren, Deutscher Meister 1960, Pokalsieger 1963; 72 Länderspiele mit 43 Toren, WM-Teilnehmer 1958, 1962, 1966 und 1970. Die WM in Mexiko sei die schönste gewesen, sagt Uwe, und der 3:2-Erfolg gegen die Engländer der Sieg, der am meisten Spaß gemacht habe.

Der Beruf, das war für ihn seine Bekleidungsfirma sowie die Adidas-Generalvertretung für Norddeutschland. Für Adidas arbeitete er schon, als 1961 die große Versuchung in Gestalt eines Angebots von Inter Mailand kam. Am Ende boten sie ihm 900 000 DM Handgeld, die Ablösesumme sollte 1,5 Millionen DM betragen. Uwe sagte Nein, sein Bedürfnis nach Sicherheit und Bodenständigkeit besiegte die Verlockung des großen Geldes. »Mehr als ein Steak kann man nicht essen«, hatte ihm schon sein Vater, der Hafenarbeiter Erwin Seeler, mit auf den Weg gegeben. »Ich wollte beim HSV bleiben. Wir hatten ein starkes Miteinander im Verein, unternahmen vieles gemeinsam und feierten zusammen. Das wollte ich nicht aufgeben.«

Sein Leben ist eine gerade Linie, auch seine frühe Heirat mit 22 passt in dieses Muster. Mit seiner Frau Ilka ist er jetzt schon seit 1959 verheiratet, 2019 feierte das Paar die Diamantene Hochzeit. »Sie ist ein wunderbarer, perfekter Lebenspartner, mein Ein und Alles.«

Einziger grauer Fleck auf Uwes Vita ist die gut zweieinhalbjährige Präsidentschaft beim HSV 1995 bis 1998. Er geriet in einen Strudel von Intrigen und dubiosen Geschäften, gab unsägliche, banal-hilflose Interviews, bei denen jeder zweite Satz mit der legendären Einleitung »Ja gut, ich sach mal …« begann. Für die Führung eines Fußballclubs war der herzensgute und weiche Uwe Seeler einfach nicht gerissen und abgezockt genug.

Wolfgang Stark

Berliner »Halbangst« in Düsseldorf

Am 15. Mai 2012 stand Deutschland am Rande des Bürgerkriegs. Zumindest, wenn man einigen Beteiligten und Kommentatoren Glauben schenkt. Kurz vor Schluss des Relegationsspiels Fortuna Düsseldorf gegen Hertha BSC hatten Hunderte von Fortuna-Fans freudig erregt den Platz gestürmt, weil sie glaubten, das Spiel sei zu Ende und der Bundesligaaufstieg der Fortuna gesichert. Schiedsrichter Wolfgang Stark über ein hartes Stück Schiedsrichterarbeit:

» Die Düsseldorfer hatten das Hinspiel in Berlin mit 2:1 gewonnen, ein Unentschieden reichte ihnen also zum Aufstieg in die Erste Bundesliga. Uns war natürlich bewusst, dass Relegationsspiele sehr turbulent und für die Schiedsrichter kritisch sein können. Düsseldorf ging schnell mit 1:0 in Führung, Hertha glich nach 22 Minuten aus. Nach 54 Minuten flog der Berliner Ben-Hatira nach einem harten Einsteigen mit gestrecktem Bein mit Gelb-Rot vom Platz. Fünf Minuten später schoss Düsseldorf das 2:1. Danach entzündeten Hertha-Fans Knallkörper und warfen bengalische Fackeln auf das Spielfeld. Da habe ich das Spiel zum ersten Mal unterbrochen, weil die Sicherheit der Spieler gefährdet war. Hertha drängte nach Wiederanpfiff mit Macht auf den Ausgleich und schaffte tatsächlich in der 85. Minute das 2:2. Und schon wieder flogen aus der Berliner Kurve Bengalos Richtung Spielfeld. Ich unterbrach das Spiel erneut kurz und ließ den Fans über die Stadionlautsprecher mitteilen, dass ich bei weiteren Fackelwürfen das Spiel abbrechen würde. Klar, dass die Düsseldorfer den Schlusspfiff herbeisehnten, denn nach dem Stand der Dinge waren sie ja aufgestiegen.

Etwa neunzig Sekunden vor dem geplanten Abpfiff stürmten dann Düsseldorfer Fans den Platz. Sie waren aber nicht durch einen missverständlichen Pfiff dazu animiert worden, wie gelegentlich vermutet wurde. Es gab lediglich einen Abstoß vom Hertha-Tor, der Torwart hatte sich den Ball zurechtgelegt, da ging es los. Ein Assistent rief mir zu: ›Da rennen Zuschauer hinter dir auf dem Spielfeld. Was wollen die hier?‹ Es wurden immer mehr. Da haben wir uns entschlossen, möglichst schnell den Platz zu verlassen. Das machten auch die Spieler. Als Bedrohung habe ich diesen Platzsturm nicht gesehen, die freuten sich einfach unbändig über den gelungenen Aufstieg. Wenn da von Berliner Seite über ›Todesangst‹ gesprochen wurde, kann ich nur sagen, dass ich das überhaupt nicht so empfunden habe. Die Fans bedrohten niemanden, sie wollten feiern. Weil das Spiel ja noch nicht vorbei war, habe ich mich in der Kabine mit der Polizeieinsatzleitung kurzgeschlossen und mir auch die TV-Bilder angeguckt. Ordner und Polizisten räumten den Rasen, das ging ziemlich unproblematisch. Danach haben wir in Abstimmung mit der Einsatzleitung und den Verantwortlichen der Liga und des DFB entschieden, die letzten neunzig Sekunden des Spieles fortzuführen. Und zwar nicht, um eine eskalierende Situation zu deeskalieren, sondern schlicht, um das Spiel ordnungsgemäß zu Ende zu bringen. Auch die Hertha-Spieler, die sich zuerst weigern wollten, kamen wieder auf den Platz.

Es passierte dann nicht mehr viel, Endstand 2:2, Düsseldorf war aufgestiegen. Wenn schon von Angst die Rede ist: Ich kriegte es nach dem Abpfiff mit der Angst zu tun. Denn einige der Berliner Spieler drehten durch. Besonders aus der Rolle fiel der Spieler Kobiashvili, der mir von hinten mit der Faust

Der Düsseldorfer Spieler Andreas Lambertz scheucht wütend Fotografen und Fans vom Platz.

auf den Kopf schlug. Dafür hat er später von einem Ordentlichen Gericht einen Strafbefehl bekommen. Wir als Schiedsrichtergespann hatten uns nach diesem turbulenten Spiel schließlich nichts vorzuwerfen. Wir haben damals keine Fehlentscheidung getroffen, und dass wieder angepfiffen werden konnte, war mit den Sicherheitsbehörden vor Ort abgestimmt, Zuschauer waren auch nicht in Gefahr. In der Presse haben wir vielmehr Komplimente für unsere souveräne Spielleitung bekommen. «

Die »Talibane der Fußballfans« oder: Wie backe ich mir einen Skandal?

———————————— *Mannis Kommentar*

Um es gleich vorab zu sagen: Ich finde, dass die Zuschauer beim Fußball nichts auf dem Platz zu suchen haben. Es gibt kein Gewohnheitsrecht, seiner Freude durch »Fluten« des Spielfeldes Ausdruck zu verleihen. Erst recht nicht, um dort seine Aggressionen auszuleben oder durch »Flitzen« seinem Hang zur Selbstdarstellung zu frönen. Ich halte das in diesen Zeiten schlicht für zu gefährlich, selbst wenn die Platzstürmer nur freudig erregt sind.

Was aber rund um das Relegationsspiel der Düsseldorfer gegen Hertha BSC abging, war aus anderen Gründen unterirdisch. Dabei gebührt die Krone der Abartigkeit den Verantwortlichen von Hertha BSC und einigen ihrer Spieler. Ihre Strategie gegen den drohenden Abstieg aus der ersten Liga bestand nämlich anschließend aus Lügen, bösartigen Verdrehungen der Realität, Beleidigungen und Übergriffen. Es fielen Begriffe wie »Todesangst« oder »drohendes Blutbad«, Herthas Trainer Otto Rehhagel hatte angesichts der Düsseldorfer Fans auf dem Platz angeblich Gefühle wie in den Bombennächten des Zweiten Weltkriegs. Was immer die Herthaner geritten hat: Sie haben sich selbst und dem Image des Vereins einen Bärendienst erwiesen. Es war für jeden im Stadion erkennbar, dass die Fortuna-Fans ohne jede feindselige Absicht den Rasen stürmten. Sie freuten sich – allerdings zu früh – über den Aufstieg ihres Vereins. Im Polizeibericht ist vermerkt, dass es »weder vor, während noch nach dem Spiel zu gravierenden körperlichen Auseinandersetzungen oder Gewalt« gekommen war. Was nicht ganz korrekt ist: Denn es gab sehr wohl Gewalt, aber nur ausgehend vom Hertha-Spieler Kobiashvili, der den Unparteiischen attackierte. Und es waren Hertha-Fans, die durch Knaller- und

Bengalo-Würfe auf den Rasen das Spiel Richtung Spielabbruch beförderten.

Die öffentliche Diskussion nach dem Spiel, politisch wie medial, war ebenfalls skandalös. Die Begleitumstände der Relegationspartie wurden als ultimativer Beleg für ausufernde Fangewalt missbraucht. Sogar das Fachmagazin kicker, das es besser wissen müsste, forderte als Konsequenz gerade aus diesem Spiel »strengste Sanktionen« und eine »konzertierte Aktion gegen den Hooliganismus im Fußball«. Sandra Maischberger, die in ihrem TV-Leben noch nie durch irgendeine Nähe zum Fußball aufgefallen ist, bezeichnete die Ultras als »Talibane der Fußballfans«. Politiker und Polizeivertreter forderten Zäune und die Abschaffung der Stehplätze – es war hysterisch, gespenstisch und verlogen.

Gott sei Dank kam Hertha BSC mit dem Protest gegen die Wertung des Spiels vor den Sportgerichten nicht durch. Auch hier wurde abenteuerlich argumentiert: Die letzten neunzig Sekunden seien nur nachgespielt worden, um die aggressiven Fans zu beruhigen und »noch schlimmere« Ausschreitungen zu verhindern. Wäre es so gewesen, hätte es wohl eine Neuansetzung geben müssen.

Von den unmittelbar Beteiligten an diesem denkwürdigen Spiel trug Schiedsrichter Stark die weißeste der wenigen weißen Westen; er hatte alles richtig gemacht. Die Düsseldorfer Fans durften sich erst mit großer Verzögerung über den Aufstieg freuen. Gelegentlich werden sie noch heute an das Spiel mit dem Platzsturm erinnert: Otto Rehhagel sprach nach intensiver Befragung durch das Sportgericht plötzlich nicht mehr von »Angst«, sondern sprachschöpferisch von »Halbangst«. Unter diesem Namen gründete sich alsbald in Düsseldorf eine Comedy-Truppe, die ihren Lieblingsverein Fortuna ironisch besingt und auf die Schippe nimmt.

Bernd Hölzenbein

Deutsch-holländischer Schwalbenzwist

7. Juli 1974, Endspiel der Weltmeisterschaft: Deutschland gegen Niederlande. Bernd Hölzenbein wird in der 26. Spielminute von Wim Jansen gefoult, Paul Breitner verwandelt den folgenden Elfmeter zum 1:1 und leitet damit die Wende und letztlich den Titelgewinn ein. Das Foul an ihm blieb – bis heute – unberechtigterweise umstritten, sagt Hölzenbein.

» Die inzwischen legendäre ›Wasserschlacht‹ gegen Polen im heimischen Waldstadion in Frankfurt war gewonnen. Gerd Müller schoss uns damals ins Finale. Unsere Gegner, die Holländer, waren mit Sicherheit die überragende Mannschaft des gesamten Turniers. Sie galten geradezu als unschlagbar, spielten den aufregendsten Fußball – mit Johann Cruyff an der Spitze. Wir waren keinesfalls Favorit, aber auch keine Außenseiter. Das Spiel beginnt, 1. Minute. Elfmeter für die Niederlande: Neeskens schießt und trifft zum 1:0. Schock!

Aber nun geschah etwas, was man sich eigentlich sonst nur wünschen kann: Die Holländer wurden überheblich, sie wollten uns schlichtweg verarschen und dachten, dass sie so das ganze Spielchen noch 89 weitere Minuten runterspielen könnten. Aber infolge dieses Schocks konnten wir eine Mentalität ausspielen, die man noch lange der deutschen Nationalmannschaft nachsagte: Wir gaben nicht auf und kamen durch Kampf und Willen schnell zurück ins Spiel, und plötzlich war das ›unschlagbar‹ weg.

Nun erreichte mich in der 25. Minute ein langer Pass von Overath aus der Abwehr. Ich lief mit dem Ball und lief und lief, umzingelt von ausreichend Holländern, aber keiner konnte sich entscheiden, wer mich übernehmen sollte, bis Wim Jansen glaubte, nun endlich eingreifen zu müssen und in mich reingrätschte. Allerdings ohne den Ball zu treffen, nicht mal annähernd, sondern meinen Fuß, was mich zu Fall brachte. Ziemlich eindeutig: Elfmeter.

Später wird es heißen, ich hätte mich eingefädelt und nicht versucht zu springen. Während des restlichen Spiels und auch danach gab es hingegen keinen Schwalbenvorwurf, keine Diskussion, nichts, auch nicht von den Holländern. Erst Wochen und Monate später kam die angebliche Schwalbe ins Gespräch. Kurz vor der WM schlugen wir mit Frankfurt im Pokalhalbfinale die Bayern mit 3:2. Das entscheidende Tor fiel in der 90. Minute durch einen Elfmeter nach einem Foul an mir. Die Bayern, die sich als schlechte Verlierer herausstellten, regten sich mächtig auf, aber selbst der Schiri Aldinger sagte am Abend im ›Sportstudio‹, dass ich schnell, wendig, flink und damit für Gegenspieler schwer zu halten sei.

Ein Bild-Reporter kumpelte mich dann in der neuen Saison nach einem Spiel an: ›Ich weiß jetzt, wie du die Elfmeter rausholst. Du lässt dich einfädeln und dann theatralisch fallen‹, worauf ich nur grinsend flapsig antwortete: ›Wenn du meinst.‹ Am nächsten Tag stand in der Bild: ›Holz gesteht. WM-Elfer war eine Schwalbe.‹ So entstand ein Riesenwirbel, der auch die Radio- und TV-Stationen in Holland in Aufruhr versetzte, aber ein Foul bleibt ein Foul, Schluss, Ende, Aus.

Und wenn ich heute in meinem Büro in der Commerzbank-Arena Besuchern aus den Niederlanden die Szene aus der 26. Minute des 74er WM-Finales mit zigfacher Zeitlupe vorführe, weil sie immer noch glauben, beschissen worden zu sein, und sie sich schließlich von der Richtigkeit des gegebenen Elfmeters vergewissern, werden sie ganz schnell leise. Wer mir also nach all den Jahren immer noch Schweigen und Grinsen vorhält als Beweis für die Schwalbe, der kennt nicht die ganze Geschichte. «

Die Schwalbe ist ein Fußball-Herdentier
—————————————— *Mannis Kommentar*

Den 74er Strafraumsturz trägt Bernd Hölzenbein wie die texanischen Rinder ihr Brandzeichen, das kriegt er nie wieder weg, aber gelassener ist er Gott sei Dank geworden. Es gibt andere gerissene Schwalbenkönige, über deren Schandtaten nicht diskutiert werden muss. Die vermutlich dreisteste Schwalbe aller Zeiten bot der kolumbianische Profi Emerson Acuña im Dezember 2008: Mindestens zwei Meter von einem gegnerischen Verteidiger entfernt stand er allein auf freier Wildbahn im Strafraum und hechtete mit vorgestreckten Armen auf den Boden. Der Schiedsrichter belohnte diese Glanzleistung nicht etwa mit einer gelben Karte, sondern tatsächlich mit einem Strafstoß. Die kolumbianischen Fernsehzuschauer vergaßen vor Lachen, die nächste Linie zu nehmen.

Eine besonders irre Variante lieferte Milans Torwart Dida im Oktober 2007, als ein Celtic-Fan in Glasgow nach dem Siegtreffer für Glasgow den Platz stürmte und Dida leicht berührte. Der Torwart schaute dem Fan nach, ließ sich dann blitzartig zu Boden fallen und mit der Trage vom Platz bringen.

Deutschlands größter Schwalben-Aufreger war Andy Möllers hocheleganter Flieger im Spiel BVB gegen KSC im April 2005. Die Nummer verschaffte Dortmund ein Elfmetertor, Möller ging aber durch die Medienhölle und wurde später vom DFB bestraft; weil er nämlich so intelligent war, die Täuschung durch die Hintertür zuzugeben: »Es war eine Schutz-schwalbe. Ich dachte, der Dirk Schuster haut mich voll um.«

Als im Dezember 2016 der Leipziger Timo Werner im Spiel gegen Schalke durch den Strafraum schwalbte und einen Elf-meter provozierte, wurde er wochenlang in der Öffentlichkeit gemobbt und musste sogar einen Psychologen aufsuchen.

Es geht auch anders: Als Aaron Hunt noch bei Bremen spielte, pfiff der Schiedsrichter nach einem geschickten Faller ohne gegnerische Berührung Strafstoß. Hunt ging aber zum Schiedsrichter und wies ihn darauf hin, dass es kein Foul ge-geben hatte.

Gelbe Karten für die Vortäuschung eines Fouls sind im Weltfußball erst seit 1999 Pflicht, vorher war das Ermessen des Schiedsrichters gefragt. Die Engländer lösen das Schwal-ben-Problem anders: Wer dort den »Diver« gibt (Klinsmann galt bei seinem Gastspiel auf der Insel anfangs als solcher), wird ausgebuht und geächtet, und zwar von den eigenen Fans. Schwalben gelten dort als das, was sie sind: kein Aus-druck von Cleverness, sondern ein den Wettbewerb verzer-render Akt der Unfairness.

In Deutschland schwingt bei der Diskussion über Schwal-ben der eigenen Mannschaft immer eine gewisse Bewunde-rung mit. Sich trickreich unerlaubte Vorteile zu verschaffen, gilt generell als erfolgsorientiert und professionell. Eine Um-frage unter B-Jugendlichen in Niedersachsen ergab eine satte 90-Prozent-Mehrheit für die These: »Provokationen und tak-tische Fouls gehören ebenso dazu wie Trikotzerren und ein paar Schwalben.«

Wenn gesellschaftlicher Konsens über Fairplay nicht mög-lich ist, müssen es wieder mal Sanktionen richten. Die Schiedsrichter wehren sich gegen die Rote Karte für die fliegenden Elfmeter-Schinder, weil sie wegen der schwierigen Entscheidung Schwalbe oder Nicht-Schwalbe Angst vor kras-sen Fehlurteilen mit anschließender Medienschelte haben.

Für die Trickser und Täuscher wäre die Rotsperre hingegen eine schöne Möglichkeit, wertvolle Denkprozesse in Gang zu setzen.

Mit dem Videobeweis sind die Zeiten für die unsportlichen Betrüger ohnehin schwerer geworden. Voraussetzung für die Aufdeckung der Tat ist aber immer noch, dass Schiri oder Videoassistent Verdacht geschöpft haben. Das ist bei einer perfekten Schwalbe längst nicht der Normalfall.

Die Mutter aller deutschen Fußballsiege

Der größte Mythos in der deutschen Fußballgeschichte ist das 3:2 gegen Ungarn im Weltmeisterschaftsfinale am 4. Juli 1954. Der Filmemacher Sönke Wortmann hat die Geschichte Helmut Rahns, der das entscheidende dritte Tor schoss, in dem Film »Das Wunder von Bern« erzählt. Der ehemalige Fußballer Wortmann über seinen Zugang zum Filmstoff:

» Mir ist mal entgegengehalten worden: Du beteiligst dich daran, diese 54er Weltmeisterschaft politisch-ideologisch zu überhöhen. Es gehe etwa nicht an, wie es der Publizist Joachim Fest getan hat, Konrad Adenauer, Ludwig Erhard und Fritz Walter als die drei Gründerväter der Bundesrepublik zu bezeichnen. Ein Fußballspiel könne solche Dimensionen gar nicht haben.

Eines ist aber klar: Dieser WM-Titel hat Deutschland neun Jahre nach dem Krieg verändert. Ich kann nichts Schlimmes daran finden, wenn die Menschen in einem Land, das am Boden liegt, über den Sport neuen Lebensmut schöpfen. Die Deutschen durften sich über diesen Erfolg unbeschwert freuen, und diese positiven Gefühle sind ja auch gut für die demokratische Entwicklung, das Selbstbewusstsein hat die Anfälligkeit gegenüber rechtsextremem Gedankengut gesenkt und nicht gefördert.

Sportlich war das 3:2 die Mutter aller deutschen Fußballsiege, die größte Sportsensation des 20. Jahrhunderts, zumindest aus deutscher Sicht. Hier wurde die Grundlage für all

Rahn müsste schießen – und schoss eine ganze Nation ins Glück.

die Eigenschaften gelegt, die den deutschen Fußballern später zugerechnet wurden: kämpfen, nicht aufgeben, das Unmögliche doch noch möglich machen. Das muss man sich mal vorstellen: Die Ungarn, die haushohen Favoriten, liegen schon nach acht Minuten mit 2:0 vorne. Viele andere Mannschaften wären bereits zu diesem Zeitpunkt in die Knie gegangen. Was machen die Deutschen? Sie schaffen durch Morlock und Rahn innerhalb von zehn Minuten den Ausgleich. Das 3:2 sechs Minuten vor dem Ende ist tausendfach erzählte und aufgefrischte Geschichte.

Der Torschütze, Helmut Rahn, ist zugleich der lebende Beweis, dass in Sepp Herbergers Elf nicht nur angepasste Arbeitsbienen oder rechtschaffene, ordnungsliebende Künstler wie Fritz Walter wirkten. Rahn war, soweit das 1954 möglich war, ein Exzentriker mit eigenem Kopf und Widerspruchsgeist. Die Legende von 1954 hat also durchaus Facetten, die nicht immer ganz ins Bild passen. Aber die ›deutschen Tugenden‹ waren die Triebfeder, die auch spätere Fußballgenerationen beflügelten.

Auf Anhieb fällt mir da beispielsweise das Halbfinale der WM 1982 gegen Frankreich ein: Da schießen die Franzosen in der Verlängerung zwei Tore und führen mit 3:1 – und am Ende steht es 3:3, und Deutschland gewinnt im Elfmeterschießen! Da schwingt der Mythos von 1954 immer noch mit.

Die Ungarn sind den umgekehrten Weg gegangen. Sie waren bis zum Finale von Bern fünf Jahre lang ungeschlagen; die Schmach gegen Deutschland hat ihnen einen Knacks verpasst, von dem sie sich nie richtig erholt haben. ‹‹

Das Wunder von Bern half beim Vergessen
———————————— *Mannis Kommentar*

Der WM-Triumph von 1954 passte haargenau in die politische und soziale Situation der Deutschen nach dem Krieg. Die Trümmer waren noch nicht ganz weggeräumt, ein Fünftel der Menschen lebte noch in Armut, 700 000 wohnten in Baracken, Bunkern und Notunterkünften, 2,7 Millionen waren auf Wohnungssuche.

Trotzdem ging es gewaltig bergauf: Die Arbeitslosigkeit halbierte sich innerhalb eines halben Jahres auf nur noch eine Million, die Autoindustrie steigerte 1954 ihre Produktion um 45 Prozent. Im Ausland begannen die Zeitungen, vom »deutschen Wirtschaftswunder« zu schreiben.

Die Deutschen, im selber angezettelten Krieg ins Elend gestürzt und gedemütigt, wollten in ihrer Mehrzahl vergessen. »Mit Politik will ich nichts mehr zu tun haben«, sagten viele, eine gründliche Auseinandersetzung mit dem Hitler-Faschismus fand nicht statt. Bayern beschloss im März 1954 als erstes Bundesland das Ende der Entnazifizierung.

Gleichzeitig wurden alle pazifistischen Schwüre (Franz Josef Strauß: »Die Hand soll verdorren, die jemals wieder ein Gewehr anfasst.«) durch den Bundestagsbeschluss zum Aufbau der Bundeswehr gebrochen. 1954 war das Jahr der Pariser Verträge, in denen die NATO-Mitgliedschaft der jungen und wiederbewaffneten Bundesrepublik angestrebt wurde. Die Bundesbürger suchten derweil die heile Welt in herzigen Heimatfilmen (»Der Förster vom Silberwald«) und sogenannten Schlagerfilmen wie »Liebe, Tanz und 1000 Schlager«. Kriegsfilme (»08/15«) gab es auch, ihre Hauptdarsteller in Uniform: tapfer kämpfende junge Männer, die schon immer dagegen waren.

In den Kinos wurden 1954 rund 733 Millionen Besucher gezählt (2017: knapp 118 Millionen), Fernsehgeräte gab es Ende 1954 erst 84300 Stück. Dort flimmerte nicht nur das WM-Finale, sondern auch die erste deutsche Fernsehserie »Unsere Nachbarn heute Abend – Familie Schölermann« über die kleinen, schwarz-weißen Bildschirme.

Die gebildeten Deutschen lasen die Werke von Heinrich Böll und Thomas Manns Bekenntnisse des Hochstaplers Felix Krull, in Berlin konnten sie Konzerte der Philharmoniker mit dem neuen Chefdirigenten Herbert von Karajan besuchen. Die jungen Leute tobten sich in der aus den USA herüberschwappenden musikalischen Revolution aus: 1954 nahm Bill Haley sein für damalige Verhältnisse unfassbar wildes »Rock around the Clock« auf. Der musikalische Generationenkonflikt nahm seinen Lauf.

In dieser Atmosphäre des allmählich steigenden Wohlstands wuchs das Bedürfnis, zu konsumieren und nur nach vorne zu schauen. Die Bundesbürger gierten nach Erfolgserlebnissen, mit Fragen nach Schuld und Verstrickung konnte sich keiner beliebt machen. Da passte das 3:2 von Bern wie das Eisbein zum Wirtschaftswunder. Sepp Herberger, Fritz Walter, Helmut Rahn und die anderen beflügelten das neue, von der Vergangenheit losgelöste Selbstbewusstsein der Deutschen. Sie waren, ohne dass sie es wollten, Protagonisten einer breiten Bevölkerungsschicht, die sich selber die Möglichkeit einer »unpolitischen« Existenz vortäuschte. Dabei ist die Freude über einen Weltmeistertitel ganz bestimmt nicht verwerflich. Wenn die Euphorie aber zu einem Mosaikstein in einem geschichtsvergessenen Lebensentwurf wird, ist sie gefährlich. Weil dann in dem ganzen Wachstums- und Komsumrausch die dringend notwendigen Lehren aus der deutschen Geschichte für störend und verzichtbar gehalten werden.

Rainer Bonhof

Der Büchsenwurf vom Bökelberg

*Am 20. Oktober 1971 zeigte die Mönchengladbacher Borussia
ihr bestes Europapokalspiel aller Zeiten. Das 7:1 gegen Inter
Mailand wurde aber annulliert, weil aus der Gladbacher
Fanecke eine Cola-Dose auf den Italiener Boninsegna
geschleudert worden war. Rainer Bonhof (heute Vizepräsident
der Borussia) spielte damals mit und kann sich noch gut
erinnern:*

» Es hatte schon vor dem Spiel Ärger gegeben, denn der WDR
und die Borussia konnten sich nicht über den Preis für das Spiel
einigen. Von einer zentralen Vermarktung der Fernsehrechte
waren wir noch Lichtjahre entfernt. Der freie Verkauf funktionierte in dem Fall aber nicht, im TV waren deshalb von diesem
außergewöhnlichen Spiel leider nur zwei Minuten zu sehen.

Das Desaster bahnte sich nach einer halben Stunde an: Es
gab einen Einwurf an der Mittellinie, ich hatte den Ball, da
flog aus dem Fanblock eine Dose aufs Spielfeld und traf den
Italiener Roberto Boninsegna. Ich weiß gar nicht mehr, ob er
das Ding an den Kopf bekommen hat, es kann auch die Schulter gewesen sein. Ich sah die Cola-Dose, sie war geöffnet und
auf keinen Fall voll, die war fast leer.

Boninsegna fiel um wie vom Blitz gefällt und wälzte sich am
Boden. Wir dachten, der hat echt was. Aber Blut floss nicht. Er
wollte dann wieder aufstehen, aber einige meiner Mitspieler
haben gesehen, wie der Trainer angespurtet kam und ihn wieder runterdrückte. Boninsegna wurde dann mit der Trage vom

Platz getragen, die ärztliche Diagnose lautete ›schwere Gehirnerschütterung‹. Die wurde aber erst einen Tag später in Italien gestellt, das muss man sich mal vorstellen!

Der holländische Schiedsrichter Dorpmans unterbrach das Spiel und verschwand in der Kabine. Die deutsche Polizei soll ihn aus Sorge vor Krawallen gebeten haben, die Partie in jedem Falle weiterlaufen zu lassen. Das hat er auch getan. Die Dose hat der Schiedsrichter als Corpus Delicti mitgenommen. Sie stand vierzig Jahre lang im Vereinsmuseum von Dorpmans' Heimatclub Vitesse Arnheim. Dann schenkten die Niederländer das historische Teil unserem Club-Museum.

Wir Gladbacher Spieler waren so naiv zu glauben, dass dieser Büchsenwurf keine gravierenden Folgen haben würde. Die kamen auch erst nach dem Rückspiel, das wir in einer üblen, hasserfüllten Atmosphäre in Mailand mit 2:4 verloren haben. Wir hatten kein Verständnis für die UEFA, die danach das 7:1 einfach strich und eine Neuansetzung forderte.

Das dritte Spiel fand in Berlin statt, 0:0 ging es aus, wir flogen also aus dem Europapokal, und unser Spieler Luggi Müller wurde brutal zusammengetreten – von Roberto Boninsegna!

Wir waren einfach nur noch frustriert: Mit einer Mannschaft, die auf internationalem Parkett erst im Aufbau war, hatten wir das große Inter Mailand an die Wand gespielt, und dann wurden wir um unsere gigantische Leistung betrogen. Die UEFA hat das Spiel sogar aus den Statistiken entfernt. **«**

Alles andere als große Würfe
———————————————— *Mannis Kommentar*

Wie immer im Leben wird auch die Fohlen-Elf vom Bökelberg im Nachhinein mit noch mehr Gloriolen geschmückt, als sie tatsächlich schon hatte. Aber lesen Sie sich mal diese Aufstellung vom skandalösen Spiel gegen Mailand durch, die Älteren sind in der Lage, mit der Zunge zu schnalzen, die anderen sollten einfach die Namen googeln: Wolfgang Kleff – Berti Vogts – Luggi Müller – Klaus-Dieter Sieloff – Hartwig Bleidick – Rainer Bonhof – Günter Netzer – Christian Kulik – Herbert Wimmer – Jupp Heynckes – Ulrik le Fevre.

Auf der Basis dieser kreativen, torgefährlichen und mitreißenden Mannschaft gab es in den Siebzigerjahren fünf Deutsche Meisterschaften, zwei UEFA-Cup-Siege und den 73er Pokaltriumph gegen den 1. FC Köln, Günter Netzers letztes Spiel, bevor er zu Real Madrid wechselte (siehe Seite 128). Ohne den »Fohlenvater« Hennes Weisweiler wären die Erfolge schlicht nicht möglich gewesen. Er war ein Fuchs, ein Mann der Offensive und – sehr wichtig – einer, der einen glänzenden Draht zur Mannschaft hatte.

Ausgerechnet das beste Europacup-Spiel der Borussia, es zählte nicht, wegen der schändlichen Schauspielkünste des Roberto Boninsegna und wegen eines Volltrottels, der eine Cola-Dose warf.

Gegenstände aufs Spielfeld zu schleudern hat Tradition. Wahrscheinlich, weil sich damit prima Aggressionen abreagieren lassen und weil der Werfer auf einmal »wichtig« ist. Es wird über ihn – indirekt – im Fernsehen und in den Zeitungen berichtet. Voll geil! Wenn er Pech hat, wird er aber erwischt und muss Strafe zahlen. Wie jener Hardcore-Rot-Weiß-Essen-Fan, der – auch 1971 – aus der Westkurve des Georg-Melches-Stadions ein Messer auf Bayern-Torhüter Sepp Maier warf, Gott sei Dank aber sein lebendes Ziel verfehlte. Es soll allerdings »nur« ein stumpfes Tafelmesser gewesen sein.

Geradezu niedlich wirken dagegen die Klopapierrollen, mit denen früher die Strafräume dekoriert wurden, oder die Bananen für Olli Kahn, weil der ja bekanntlich wie ein Affe aussieht. Die Banannennummer war spätestens beim dritten Mal nur noch zum Gähnen, aber ein paar Kurvenfans geilten sich noch jahrelang daran auf. Für Oliver Kahn gab es in Freiburg auch mal ein anderes Wurfgeschoss: einen Golfball. Das war dann nicht mehr so lustig und verschaffte dem Titanen eine blutende Wunde.

Blutig wurde es auch für den HSV-Spieler Alexander Laas, der 2005 beim Heimspiel gegen Köln mit einem Trommelstock (wie originell!) aus dem FC-Block beworfen wurde. Bierbecher, Münzen, Handy-Akkus, Schokoriegel (in Leverkusen gegen den damaligen Werder-Torwart Frank Rost) – es muss Menschen geben, die einfach nicht gegen ihren unbezwingbaren Wurfdrang ankommen. Das Corpus Delicti von Leverkusen, einen Snickers-Riegel, der aus der Leverkusener Fankurve angeflogen kam, griff sich übrigens Ulf Kirsten und ließ ihn blitzschnell hinter einer Werbebande verschwinden.

Das außergewöhnlichste Wurfobjekt aller Zeiten erreichte den Ex-Barcelona-Spieler Luis Figo, als er mit seinem neuen Club Real Madrid beim Erzfeind Barça spielte. Figo wurde, als er eine Ecke ausführte, von den katalanischen Fans als Zeichen tiefster Verachtung mit einem Schweinekopf beworfen.

Ernst Huberty

Als der FC im Rotterdamer Morast stecken blieb

Der 1. FC Köln schied am 24. März 1965 im Europapokal-Viertelfinale gegen den FC Liverpool nach einem dritten Entscheidungsspiel in Rotterdam per Losentscheid aus. Es musste zweimal gelost werden. Der ARD-Kommentator Ernst Huberty war dabei:

>> Es ist ja so verdammt lange her, an jedes Detail kann ich mich beim besten Willen nicht mehr erinnern. Aber diesen Los-Plastikchip, auf der einen Seite rot, auf der anderen weiß, den sehe ich noch senkrecht im Morast von Rotterdam stecken. Als Großaufnahme wurde er auf meinem Monitor gezeigt, mit eigenen Augen konnten wir das Ding auf dem Platz natürlich nicht sehen. Wir warteten darauf, welche Spieler als Erster vor Freude hochspringen würden, aber bei diesem ersten Los-wurf, da regte sich gar nichts. Und beim zweiten Versuch flogen die unglücklichen Kölner raus.

Ob so ein Loswurf gerecht ist? Gerechtigkeit ist ein großes Wort. Elfmeterschießen ist die sportlichere Lösung, aber für die Spieler wird es an dem Punkt schwierig. Wer da versagt, der kann richtig Probleme kriegen. In exotischen Ländern sind nach Elfmeterfehlschüssen schon Menschenschicksale besiegelt worden, Drohungen, Angriffe, auch gegen Familien-mitglieder.

Für die Kölner war ja nicht nur der Münzwurf ein Desaster. Bei diesem Spiel spielte der robuste Wolfgang Weber mit ge-brochenem Wadenbein durch. Eine heute unvorstellbare

Szene: In der Halbzeit sagte der Doc zu ihm: ›Spring doch mal da von dem Stuhl runter.‹ Weber tat, wie ihm befohlen, sagte: ›Das tut aber ganz schön weh‹, wurde aber trotzdem wieder auf den Platz geschickt. Abenteuerlich!

Es war übrigens überhaupt nicht selbstverständlich damals, dass das Spiel im Fernsehen übertragen wurde. Europapokalspiele galten zunächst einmal als Störpotenzial für die festen Programmplätze, da musste richtig gekämpft werden. Einer Sensation kam es gleich, als einmal der ›Internationale Frühschoppen‹ von Werner Höfer sonntags mittags verlegt wurde, weil Deutschland in Polen ein EM-Qualifikationsspiel zu bestreiten hatte. Und lange Vorläufe und Expertenrunden gab es auch nicht: Es ertönte die Eurovisionshymne, dann wurde ins Stadion geschaltet, und schon ging das Spiel los – so auch das Münzwurfdrama zwischen Köln und Liverpool. «

FC – mer stonn zo dir!

────────────────────── *Mannis Kommentar*

Wenn die Kölner nach den besonderen Kennzeichen ihrer Stadt gefragt werden, sagen sie: »Dä Dom un dä FC.« Und während die meisten den Dom noch nie von innen gesehen haben (oder nur einmal mit der Klasse in der Schulzeit), pilgern sie zu Zigtausenden ins Stadion, zu Geißbock Hennes und ihrem FC. Da wird dann vor dem Spiel das Kölsche Liedgut von den Höhnern und den Bläck Fööss geschmettert; und wenn der FC zweimal am Stück gewinnt, ist er schon so gut wie im Europapokal, verliert er zweimal hintereinander, müssen dringend der Trainer, der Präsident und die ganze Mannschaft rausgeschmissen werden.

Wie inbrünstig haben sie damals um die Rückkehr von Prinz Poldi zum Himmel gefleht! Wahrscheinlich hat der Kardinal persönlich bei Uli Hoeneß angerufen und in Gesprächen mit dem Papst für die Erweiterung der Dreifaltigkeit um Lukas Podolski gekämpft. Christoph Daum, der andere Heilsbringer, verließ im Juni 2009 schon nach zwei Jahren wieder den FC, seine »Herzensangelegenheit«, um bei Fenerbahçe Istanbul die großen Säcke mit türkischer Lira abzuholen.

Die größte Sehnsucht der Kölner war es lange, mal wieder im Europapokal mitzuspielen. Denn da gehört der Verein nach der festen Überzeugung aller FC-Fans unabhängig von der Liga-Zugehörigkeit immer hin. Leider gab es die letzte Deutsche Meisterschaft 1978, und mit dem Europapokal war in der Saison 1992/93 für lange Zeit Feierabend. 25 Jahre später durfte Köln mal wieder europäisch mitmachen. Vor allem die stimmungsvollen Duelle mit Arsenal London im Herbst 2017 bleiben – auch auf der Insel! – in Erinnerung. Am Ende der Saison stand allerdings – der Abstieg aus der Bundesliga. Schmerzvolle Bekanntschaft mit der Zweiten Liga machte der FC erstmals 1998, und es blieb nicht bei dem einen Mal.

Zu Zeiten des kuriosen Losentscheids 1965 war der 1. FC Köln noch der deutsche Vorzeigeclub. Die Erfolge der Fünfziger- und Sechzigerjahre sind mit dem Namen Franz Kremer verbunden. Er stand an der Wiege des erst 1948 aus einer Fusion entstandenen Vereins und war bis zu seinem Tod 1967 Präsident.

Die Kölner hatten früher als andere professionelle Strukturen, beispielsweise das moderne Vereinsgelände rund ums Geißbockheim. Und der Präsident erkannte als einer der Ersten, dass eine eingleisige erste Liga die internationale Konkurrenzfähigkeit des bundesdeutschen Fußballs anheben würde. Kremer kämpfte für die 1963 schließlich eingeführte Bundesliga, und die Kölner wurden 1964 logischerweise erster Bundesligameister. Wolfgang Overath, Hennes Löhr, Hans Schäfer, Wolfgang Weber, Karl-Heinz Thielen – das sind einige der Starspieler aus dieser großen Zeit des FC,

Trainer bei der 64er Meister-Mannschaft war der kahlköpfige Schorsch Knöpfle.

Sein Vorgänger war der kugelrunde Jugoslawe Tschik Čajkovski; mit ihm wurde Köln 1962 erstmals in der Vereinsgeschichte Deutscher Meister. Und von ihm stammt auch eins der schönsten FC-Bonmots: Nach einer 1:8 Europapokalniederlage im schottischen Dundee sprach Tschik beim Rückflug: »Winschte, Maschine stirzt ab.«

Bei der letzten Meisterschaft 1978 – da holten die Kölner auch noch den Pokal und damit das Double – saß Hennes Weisweiler auf der Trainerbank. Er hatte die Mannschaft zuvor schon zweimal trainiert, 1948 bis 1952 als Spielertrainer und dann von 1955 bis 1958.

Bis zur nächsten goldenen FC-Epoche wird vermutlich noch viel Rheinwasser am Dom vorbeifließen, aber die Liebe der Fans zu ihrem FC wird daran nicht zerbrechen: »Mer stonn zo dir, FC Kölle«, singen sie in guten und in schlechten Zeiten. Ein FC-Anhänger kann es sich nicht erlauben, Schönwetter-Fan zu sein.

Marcel Reif
In Madrid ist ein Tor gefallen

Vor dem Champions-League-Halbfinale zwischen Borussia Dortmund und Real Madrid am 1. April 1998 brach ein Tor zusammen. Im Fernsehen überbrückten Marcel Reif und Günther Jauch kongenial die 75 Minuten, bis das Spiel – mit neuem Tor – endlich angepfiffen werden konnte. Marcel Reif erinnert sich:

» Dieser 1. April in Madrid war allein schon deshalb bemerkenswert, weil ich noch nie zuvor im Bernabeu-Stadion gewesen war. Ich war am Tag zuvor angereist und fand's einfach wunderbar.

Und dann kamen wir in diese absurde Ausnahmesituation. Da muss ich gleich mal mit einer Legende aufräumen: Wenn dem Günther Jauch und mir einer vorher gesagt hätte, ihr kriegt 'ne Masse Geld, wenn ihr gleich 75 Minuten, in denen ganz wenig passiert, mit schlauen Sprüchen überbrückt, wir wären stattdessen zum Wurststand gegangen. Selbstverständlich waren wir auf so was nicht vorbereitet, und was dann ausbrach, war am Anfang die pure Anarchie. Für mich bestand die Gefahr des medialen Selbstmordes, wenn der Günther mich nicht gerettet hätte, indem er die Anweisung gab, zu ihm zu schalten.

Dass dieses Tor umfiel, sah ich nur aus dem Augenwinkel. Es war vor der berüchtigten Ultra-Tribüne am Zaun angebunden; die Ultras zogen und wippten am Zaun und brachten dadurch das Tor zum Einsturz. Da lag es nun, das Tor, und ich fing an,

Kein Ersatz in Bernabeu – das neue Tor musste aus einem anderen Stadion geholt werden.

mich ins Nirwana zu quasseln. Ich wob einen Kokon des Schwachsinns, der mich unter anderem zu Ausführungen über die Vor- und Nachteile des Zentralismus in Spanien führte.

Wir kriegten keinerlei Infos, was nun passieren würde, sogar der Dortmunder Präsident Gerd Niebaum sagte: ›Mal gucken, wie's weitergeht.‹ Da war nichts überlegt oder kalkuliert, wir strebten keine Originalität an, ich glaube, unser Sendeleiter hat das eher als Chance begriffen als wir beiden am Mikrofon. Statt zwischen uns hin und her zu schalten, wurden einfach beide Mikros aufgemacht. Und wir ließen es hemmungslos laufen, wir glucksten und giggelten, kriegten Lachkrämpfe wie damals in der Schule.

In anderer Besetzung hätte die Geschichte wahrscheinlich nicht funktioniert. Denn der Günther und ich, wir sind befreundet, und fragen Sie mal unsere Frauen: Wenn wir beide uns verbal hochschaukeln, dann kann das für die Zuhörerinnen schon sehr anstrengend sein. Also: ein Glücksfall in der Reporter-Besetzung.

Nach dem Spiel, das es ja dann auch noch gab, telefonierte ich mit meiner Frau, und die sagte: ›Das habt ihr aber toll hingekriegt!‹ Und ich antwortete nur fassungslos: ›Nein, das ist nicht dein Ernst!?‹«

»Ein Tor würde dem Spiel guttun.«
────────────────── *Mannis Kommentar*

Reporter müssen immer viel reden, im Radio noch mehr als im Fernsehen, aber in den meisten Fällen läuft zumindest der Ball, und es gibt was zu erzählen. Doch schon zweiminütige Verletzungspausen sind eine echte Herausforderung, aber 75 Minuten, in denen reinweg nichts, gar nichts passiert? Eine Katastrophe? Oder eine Ausnahmesituation, die die Kreativität beflügelt?

Reif und Jauch wählten die zweite Variante und fabulierten sich in den Kommentatoren-Olymp. Jauch fand es bemerkenswert, dass das Tor »in der nullten Minute gefallen war«, Reif konterte, dass »noch nie ein Tor einem Spiel so gutgetan hätte«. Beide wurden für ihre Performance mit dem Bayerischen Fernsehpreis belohnt.

Aber Marcel Reif hat es ja klar erkannt: Zwischen hoher Sprachkunst und (manchmal unfreiwillig produziertem) Wortmüll liegen nur Halbsätze. War es doch der Poet von Madrid höchstselbst, der einmal formulierte: »Je länger das Spiel dauert, desto weniger Zeit bleibt.« Und beim Stande von 1:0 für den HSV entfleuchte seinem Mund während eines Bundesligaspiels die glasklare Analyse: »Wenn die Hamburger jetzt in der Abwehr gut stehen und kein Tor mehr zulassen, werden sie auf jeden Fall nicht mehr verlieren.« Ähnlich klar in der Einschätzung des Spielverlaufs war einmal Gerd Delling: »Die Luft, die nie drin war, ist raus aus dem Spiel.«

Ganz gefährlich ist es, mit der Sprache Bilder zu malen, da rutscht sehr leicht der Pinsel aus. Wie ehemals dem Grandseigneur des ZDF Dieter Kürten: »Die Stadt ist schwarz voller Menschen in Orange.« Oder (sorry, Gerd) wieder einmal der sprachgewaltige Gerd Delling: »Wenn man ihn jetzt ins kalte Wasser schmeißt, könnte er sich die Finger verbrennen.«

Zu Dellings Ehrenrettung muss erwähnt werden, dass er in deutlich wahrnehmbarem Maße Humor ins Spiel brachte: »Hup, Holland, hup – das hat den Vorteil, dass man auch mit Schluckauf weitersingen kann.« Oder: »Wenn Sie dieses Spiel atemberaubend finden, haben Sie es an den Bronchien.«

Der Großmeister des knackigen Wortspiels war der Ruhrpoet Werner Hansch, zuerst spätberufener Radioreporter beim WDR, dann Fernsehkommentator. Wann immer er sich ans Mikrofon begab, machte er Ansprüche auf den Dorstener Lyrikpreis geltend: »Wer hinten so offen ist, kann nicht ganz dicht sein.« Oder nach einem Foul: »Ich hau dir in die Augen, Kleiner.«

Der tragischste Metaphern-Versenker passierte Volker Kottkamp, der für den SWR berichtete. Die Situation: Drei Verteidiger stürzten sich auf einen Stürmer. Kottkamps Kommentar: »Ja, so ist das eben: Viele Hasen, äh, äh, viele Hasen sind äh, sind, äh – eben viele Hasen.«

Kalli Feldkamp
Die verrückteste Aufholjagd der Pokalgeschichte

Nach der 0:2-Niederlage im Hinspiel schlug Bayer Uerdingen am 19. März 1986 Dynamo Dresden mit 7:3 und zog damit doch noch ins Halbfinale des Europapokals ein. Uerdingens damaliger Trainer Kalli Feldkamp erzählt, wie er den Sieg erlebt hat:

»Das Spiel ist Legende, eine der spektakulärsten Aufholjagden der Fußballgeschichte. Innerhalb einer halben Stunde sechs Tore zu schießen und einen Rückstand in ein 7:3 zu drehen, Wahnsinn. Danach sah es erst gar nicht aus. Das Hinspiel hatten wir verloren und in der Pause lagen wir aussichtslos mit 1:3 hinten – da gingen schon viele Zuschauer frustriert nach Hause. Der Reporter Rolf Kramer gratulierte den Dresdnern zum Weiterkommen. Etwas voreilig, wie sich zeigen sollte.

Sicherlich profitierten wir davon, dass Dresdens glänzender Torwart Bernd Jakubowski in der zweiten Hälfte verletzungsbedingt draußen bleiben und der unerfahrene Jens Ramme zwischen die Pfosten musste. Und sicher spielte es auch eine Rolle, dass das Spiel live im ZDF übertragen wurde – ausnahmsweise mal nicht die Bayern! – und wir uns dem Millionenpublikum vernünftig präsentieren wollten. Die Beschwerden erboster und enttäuschter Zuschauer häuften sich nach der schwachen ersten Hälfte, und das wollten wir so nicht stehen lassen.

Also schworen wir einander in der Halbzeit, uns mit Würde aus dem Wettbewerb zu verabschieden, auch wenn uns klar war, dass wir praktisch ausgeschieden waren. Unser Torwart Rüdiger Vollack sagte noch: ›Ich glaube an viel, aber daran nicht mehr!‹ Ich forderte die Spieler in der Kabine auf, sich in der zweiten Hälfte noch einmal reinzuhängen und wenigstens ein Unentschieden rauszuholen. Wenige Tage darauf ging es gegen den 1. FC Köln, für das Spiel sollten sie Werbung machen und Motivation tanken.

Und das tat die Mannschaft dann auch, nach einer knappen Viertelstunde ging es los: Wolfgang Funkel, Larus Gudmundsson und Wolfgang Schäfer erzielten innerhalb von acht Minuten drei Tore, die Dresdner wurden immer unsicherer und stolperten fast übers Feld. Kurz darauf folgte dann ein Doppelschlag innerhalb von knapp zwei Minuten, und erst da wachten die Dresdner wieder auf und stemmten sich gegen das drohende Aus. Vollack wuchs über sich hinaus und parierte mehrfach glänzend, und mitten in dieses Aufbäumen sorgte dann nochmals Schäfer nach einem Wahnsinnssolo für den 7:3-Endstand.

Ein Trauma für die Dresdner, die jedoch sehr gefasst blieben und sich als würdige Verlierer zeigten. Auch wenn danach im Halbfinale gegen Atlético Madrid Endstation war – dieses Spiel ist und bleibt das verrückteste meiner Trainerlaufbahn. «

Wunder von der Grotenburg oder Blamage beim Klassenfeind?
—————————————— *Mannis Kommentar*

Bei einem Gegner aus Italien oder England wäre es ja »nur« ein Fußballkrimi gewesen. Aber im März 1986 spielte ein Kollektiv aus dem deutschen Arbeiter-und-Bauern-Staat gegen die Fußballmannschaft eines BRD-Großkonzerns, da war die politische Brisanz schon bei der Auslosung mit eingebaut.

Und dann diese für Dynamo Dresden peinliche Dramaturgie: das Hinspiel 2:0 gewonnen, zur Pause vor nur 17 000 Zuschauern in Krefeld mit 3:1 in Führung – das Halbfinale des Europapokals der Pokalsieger schien für die Dresdner so sicher wie die Staatsgrenze der DDR. In den Reihen der Dresdner so hochklassige Spieler wie Dixie Dörner, Ralf Minge, Ulf Kirsten und Matthias Sammer.

Und dann sechs Uerdinger Tore in einer Halbzeit, jubelnde, vor Freude weinende Westspieler, deprimierte Dynamos, das musste Konsequenzen für die sportliche Leitung des DDR-Clubs haben! Die Stasi urteilte bürokratisch-verschwurbelt über den Trainerstab mit Klaus Sammer, den Vater von Matthias Sammer, an der Spitze: »Die Arbeitsweise der genannten Genossen entspricht nicht mehr den Erfordernissen aus den ihnen übertragenen Aufgaben.« Klaus Sammer musste am Ende der Saison 1985/86 gehen und wurde durch Ede Geyer ersetzt.

Ein Abgangsbeschleuniger für Sammer war die Flucht des Stürmers Frank Lippmann, der sich nach dem Spiel durch die Hintertür des Krefelder Hotels davonmachen konnte. Lippmann tauchte am nächsten Tag beim 1. FC Nürnberg auf, wo ihn der kleine Teppichhändler und Nürnberger Präsident Michael A. Roth sofort unter Vertrag nahm. Ironische Pointe bei der Lippmann-Flucht: Trainer Sammer, dem sie hinterher alles in die Schuhe schoben, wollte den Stürmer aus disziplinarischen Gründen gar nicht in den Westen mitnehmen, war aber »höheren Orts« zu einem Sinneswechsel überredet worden. »Giraffe« Klaus Sammer, als Spieler ein eisenharter Stopper, wurde später trotz des Debakels von den Dynamo-Fans in die Dresdner »Elf des Jahrhunderts« gewählt, zusammen mit seinem Sohn Matthias.

Bayer Uerdingen im Europapokal-Halbfinale! Und in der Bundesliga ein sensationeller dritter Platz hinter Bayern München und Werder Bremen. Ein Jahr zuvor hatte Bayer Uerdingen außerdem den DFB-Pokal geholt, durch das legendäre 2:1 gegen Bayern München (Torschütze des 2:1 war Wolfgang Schäfer, der Held von Berlin). Und wer da alles bei Uerdingen spielte in den verrückten Achtzigerjahren! Die Funkel-Brüder, Manni Burgsmüller, Stéphane Chapuisat, Holger Fach, Matthias Herget, Stefan Kuntz, Brian Laudrup, Erik Meijer …

Aber dann zeigte der Kapitalismus, so hätten sie es in der DDR formuliert, wieder einmal seine brutale Fratze: Der Bayer-Konzern ließ die Fußballprofis von Bayer Uerdingen eiskalt zugunsten der Fußballer aus dem Leverkusener Mutterhaus fallen, als KFC Uerdingen wurstelten sich die Krefelder durch die Neunziger ins neue Jahrtausend und kamen schließlich nach Aufstellung des inoffiziellen deutschen Insolvenz-Rekordes (dreimal!) in der Saison 2008/2009 in der sechstklassigen Niederrhein-Liga an.

Zwischenzeitlich fährt der Fahrstuhl wieder aufwärts. Mit dem Geld des russischen Investors Mikhail Ponomarev soll baldmöglichst der Sprung in die zweite Liga geschafft werden. Da könnte es dann wieder ein Rendezvous mit Dynamo Dresden geben.

Bernd Heller

Ring frei – Daum gegen Hoeneß

Am 20. Mai 1989 saßen sich Uli Hoeneß und Christoph Daum im »Aktuellen Sportstudio« gegenüber, kurz vor dem entscheidenden Spiel zwischen dem 1. FC Köln und Bayern München um die Meisterschaft. Der Moderator Bernd Heller erinnert sich:

» Die Konstellation war perfekt. Christoph Daum hatte den 1. FC Köln zu einem Bayern-Verfolger aufgebaut und saß den Münchnern im Kampf um die Meisterschaft im Nacken. Über die Saison hinweg hatte Daum einen ›Nimbus des Unbesiegbaren‹ aufgebaut, großen Ankündigungen waren auch meist Siege gefolgt. Im Vorfeld des Spiels gegen die Bayern griff Daum auch den Bayern-Trainer Jupp Heynckes an.

Daum und Heynckes im ›Aktuellen Sportstudio‹ versprach also ein Knüller zu werden. Ich wusste, dass Daum zusagen würde, und das tat er auch. Heynckes war schwieriger. Uli Hoeneß sträubte sich, ihn mit Daum in den Ring zu schicken, denn er ahnte wohl, dass Heynckes dem Kölner Trainer nicht gewachsen sein würde. Er hatte sich durch fehlende Reaktionen auf Daums verbale Attacken den Ruf einer Schlaftablette erarbeitet. Ich schlug Hoeneß vor, ebenfalls mitzukommen – um dann aber ein Gleichgewicht zu schaffen, sollte noch Udo Lattek dabei sein, der im Groll von den Bayern geschieden und damals Sportdirektor beim FC war. Er sagte ebenfalls zu, und wenige Tage vor der Sendung erhielt ich dann endlich auch das Okay von Hoeneß, als ich ihn von einer Telefonzelle am Aschaffenburger Bahnhof aus anrief.

Dann war es so weit. Wir hatten dafür gesorgt, dass die Streithähne vorab nicht aufeinandertrafen. Sie sollten erst in der Sendung spontan Dampf ablassen – und das taten sie. Es wurde heftiger als gedacht. Daum und Hoeneß gaben sich noch nicht einmal die Hand. In der Sendung ging es hin und her. Daum blieb dabei ziemlich gelassen, Hoeneß hingegen schwollen bei jeder Bemerkung Daums die Halsadern an – die beiden waren kurz davor, handgreiflich zu werden. Daum griff Hoeneß an, Hoeneß las im Gegenzug eine Beschimpfung aus der Zeitung vor, die Daum über ihn lanciert hatte: ›Nach dem Sieg gegen Inter Mailand ging es ihm für ein paar Stunden besser. Da war eine Gehirnwindung mehr durchblutet.‹ An einen Satz von Hoeneß kann ich mich noch genau erinnern, der sich auf die Studiodekoration bezog – es hingen einige Fußbälle in verschiedenen Höhen von der Decke. Er sagte zu Daum: ›Mein lieber Freund, das Ding, das da über dir hängt, das ist kein Heiligenschein, das ist noch immer ein Fußball.‹

Das Publikum ging spontan mit und sang ›Zieht den Bayern die Lederhosen aus‹. Hier sah man die Chance, dem hassgeliebten Bundesligaprimus eins auszuwischen – die Sympathien lagen trotz oder gerade wegen Daums heftigen verbalen Attacken gegen Heynckes und Hoeneß auf Seiten der Kölner. Nach der Sendung gingen die Kontrahenten direkt auseinander.

In der Montagskonferenz der Redaktion wurde mir vorgeworfen, die Kontrahenten zu sehr wüten gelassen zu haben. Die Sendung hatte den Charakter einer Nachmittags-Talkshow im Privatfernsehen, es wurden niedere Instinkte bedient – und das zu einer Zeit, als in den Öffentlich-Rechtlichen noch viel stärker auf Niveau geachtet wurde, auch im ›Aktuellen Sportstudio‹. Aber ich denke, es hat sich gelohnt. Die Bild-Zeitung war jedenfalls begeistert und verlieh mir und dem Redakteur direkt am Montag irgendeinen Preis – den wir aber nie sahen.

Fünf Tage später kam es dann zum Aufeinandertreffen der beiden Clubs. Bayern siegte in Köln mit 3:1 und entschied die Meisterschaft quasi für sich. Daums Nimbus der Unbesiegbarkeit war dahin. **«**

Krawallfernsehen im ZDF – das »Aktuelle Sportstudio« auf Abwegen
——————————— *Mannis Kommentar*

Am Ende, das hat Bernd Heller wahrscheinlich schon vergessen, wurde es noch verrückter: Das ZDF hatte eine Frau Kroll-Hermkes ins Studio gebeten, eine selbst ernannte Hellseherin aus München, die behauptete, von Fußball keinerlei Ahnung zu haben. Die üppige toupierte Dame sprach unter dem Gejohle der Zuschauer: »Meine Intuition sagt mir, dass Bayern München Deutscher Meister wird.«

Krawallfernsehen im biederen ZDF! Einzige, aber auch nicht ganz frische Erkenntnis der »Gesprächsrunde«: Die beteiligten Herren hatten sich wenig Schmeichelhaftes mitzuteilen. Die Fehde zwischen Daum und Hoeneß erreichte elf Jahre später bei Daums Drogenaffäre ihren nicht mehr ganz so lustigen Höhepunkt.

Dem »Aktuellen Sportstudio«, dem schon so oft Betulichkeit und ungesundes Harmoniestreben vorgeworfen worden war, schadete der spektakuläre Austausch von Beleidigungen nicht. Ganz im Gegenteil: Der Brachial-Disput war eine schöne PR-Aktion für den Dino unter den deutschen Fernseh-Sportmagazinen.

Das »Aktuelle Sportstudio« ging im August 1963 auf Sendung, einer der Moderatoren, Werner Schneider, erfand 1966 das Markenzeichen: die ZDF-Torwand, die seitdem bei keinem Kindergeburtstag und Pfarrgemeindefest fehlen darf. Sechsmal hat noch keiner der prominenten Gäste getroffen, 1974 versenkte Günther Netzer den Ball als erster fünfmal in einem der kreisrunden Löcher rechts unten oder links oben. Inka Grings und Rudi Völler sind zwei der vielen, die es ihm nachmachten. Franz Beckenbauer legte 1994 in Meisterfeier-Laune den Ball auf ein Weißbierglas – und traf ebenfalls.

Lang ist die Liste der »Sportstudio«-Moderatoren: »Big Wim« Thoelke und Harry Valérien in der Gründerzeit, später Dieter Kürten und Hans-Joachim Friedrichs, noch frisch in Erinnerung Günther Jauch und Johannes B. Kerner.

Spektakulär war das kurze Gastspiel der WDR-Frau Carmen Thomas 1973/74. Ihr hängt bis heute der Versprecher »Schalke 05« nach, wahrer Höhepunkt war aber der Samstagabend, an dem sie die frische Ausgabe der Bild am Sonntag mitbrachte, in der schon vorab ein Verriss ihrer Moderation erdichtet worden war. Hintergrund der Kampagne gegen Carmen Thomas sollen nicht die Vorbehalte wegen ihrer Geschlechtszugehörigkeit gewesen sein. Die konservativen Heckenschützen zielten in Wirklichkeit auf den ZDF-Sportchef Hajo Friedrichs; der setzte sich für einen kritischeren Umgang mit dem Sport ein und holte – als SPD-Mann – eine linke (!) Frau (!) in die Moderator(-innen)-Riege.

Mehr als ein halbes Jahrhundert nach dem »Sportstudio«-Start sind weibliche Moderatorinnen schon lange keine Sensation mehr. Frauen wie Dunja Hayali und Katrin Müller-Hohenstein begleiten die Fußballfans souverän durch den Abend. Und die legendäre Torwand steht immer noch im Studio. Ein Ende ist nicht abzusehen. Ein Straßenfeger ist die Sendung allerdings schon lange nicht mehr; im Schnitt schalten etwas mehr als zwei Millionen den Fernseher ein, wenn die letzte Bundesliga-Sendung des Samstags startet.

Domenico Tedesco
Ecke – Naldo – 4:4!

Domenico Tedesco erlitt das Schicksal vieler Schalker Trainer: Schon nach 21 Monaten wurde er vom Hof gejagt. Zwei Dinge kann ihm aber keiner nehmen: die überraschende Vizemeisterschaft 2018 und das spektakuläre 4:4 nach einem 0:4-Pausenrückstand beim Derby am 25. November 2017 in Dortmund. Der Schalker Ex-Trainer mit wohligen Erinnerungen:

»Das war ein Tag, den ich nie vergessen werde. Da haben wir Geschichte geschrieben. Für die Spieler war es auch etwas ganz Großes, dieses Spiel noch rumgerissen zu haben. Da muss ich auch mit einem Vorurteil aufräumen: Bei einem solchen Revierderby wollen alle unbedingt gewinnen, das lässt die Spieler nicht kalt, auch wenn sie aus allen Ecken der Welt kommen. Beim Training sind auch die Angeschlagenen und Halbkranken dabei. Beim Abschlusstraining vor diesem Derby im November 2017 waren 2500 Fans auf dem Gelände. Wenn dann noch der Schalker Mannschaftsbus bei der Anreise in Dortmund mit Eiern beworfen wird, dann brennen auch die Letzten. Aber nach 25 Minuten stand es 4:0 für den BVB. Sie haben uns überrollt, und wir waren zunächst mal vollkommen konsterniert. Wir haben dann nach einer guten halben Stunde reagiert und Leon Goretzka und Amine Harit für Weston McKennie und Franco di Santo gebracht. Goretzka saß auf der Bank, weil er noch etwas lädiert war. Das hatte zu dem Zeitpunkt schon etwas von Alles oder Nichts. Aber dass am Ende noch etwas Zählbares herausspringen würde, habe ich zur Halbzeit natürlich nicht geglaubt. Bei uns war in der Pause ohnehin bei allen Spielen erst mal zwei, drei Minuten Ruhe. Anschließend bin ich in die Hocke gegangen, auf Augenhöhe zu den sitzenden Spielern, und habe ihnen gesagt: ›Das habt ihr nicht verdient, ihr habt die ganze Woche so hart gearbeitet. Ihr solltet jetzt Charakter zeigen. Wir nehmen uns einfach vor, diese zweite Halbzeit zu gewinnen. Dann können wir mit erhobenem Haupt nach Hause fahren.‹

Wir haben noch etwas umgestellt, offensiver als vorher. Und dann durften alle Schalker erleben, wie plötzlich eine unfassbare Power in der Mannschaft ausbrach. Sie waren auf einmal alle gefühlte zehn Stundenkilometer schneller. Die Früchte dieser sensationellen Mentalitätswende durften wir nach einer Stunde ernten:

61. Minute: 4:1 Guido Burgstaller; 65. Minute: 4:2 Harit; 86. Minute: 4:3 Daniel Caligiuri. Die Dortmunder waren wie gelähmt. Dann kam die vierte Minute der Nachspielzeit. Nochmal eine Ecke, Naldo war mit nach vorne gegangen. Da hatte ich eine Ahnung, dass jetzt noch was passieren würde. Denn wir hatten ja in dieser Saison fast jedes drittes Tor durch einen Standard erzielt. Und dann wuchtete Naldo den Ball mit dem Kopf zum 4:4 in die Maschen. Pfiff, Vorhang, das Spiel war aus, ein gefühlter Derby-Sieg. Wenn das Ganze noch zehn Minuten länger gedauert hätte, wären wir auch noch als realer Sieger vom Platz gegangen, da bin ich sicher. Dieses Derby war schon so etwas wie ein Ritterschlag für mich, der ich ja als Nobody nach Schalke gekommen war. Alle Vorbehalte waren verflogen, auch die Fans behandelten mich noch herzlicher als ohnehin schon. Ich war nach diesem verrückten Spiel richtig auf Schalke angekommen. **«**

Fußballspektakel – der Ausgleich für großflächige Ödnis
— *Mannis Kommentar*

Es wird sehr viel über die Faszination des Fußballs gesprochen. Wer das pauschal tut, verschweigt einen wichtigen Tatbestand: Regelmäßige Fußballzuschauer bekommen überdurchschnittlich viele Horrorkicks serviert. Langweiliges Mittelfeldgeschiebe, Fehlpässe im Abonnement, null Torchancen oder verballerte Riesenmöglichkeiten in Serie. Das ist leider der Alltag des Fußballs. Da kannst du die Faszination auch mit dem Fernrohr nicht erkennen. Zur Verdeckung dieser Grundmisere wird der geneigte Fan regelmäßig aufgefordert, sich wahlweise am positiven Ergebnis des Spiels oder an vermeintlichen taktischen Raffinessen zu delektieren. Und damit zufrieden zu sein. Wer spannenden und schönen Fußball gleichzeitig will, zumindest mal gelegentlich, wird als romantischer Träumer diskriminiert. Gott sei Dank wird es manchmal, als Ausgleich für die großflächige Ödnis sozusagen, richtig spektakulär. Über solche Ereignisse sprechen die Fans dann auch noch Jahrzehnte später. Folgen Sie mir auf einer kurzen Reise zu Fußballspektakeln mit außergewöhnlichen Spieldramaturgien, vielleicht erst mal in die Bundesliga der Siebzigerjahre.

Da gab es beispielsweise den Tag im Jahre 1973, als der Lauterer Betzenberg explodierte. Zu Gast war der FC Bayern, der nach einer Stunde standesgemäß mit 4:1 führte. Den Roten Teufeln gelang dann innerhalb von sechs Minuten der Ausgleich zum 4:4. Am Ende stand es 7:4 für Kaiserslautern. Im gleichen Jahr führte Schalke, ebenfalls gegen Bayern München, zur Halbzeit mit 5:2. Ich habe dieses Spiel übertragen und sah in der Pause vor Glück weinende Schalker. Aus Glück wurde Ernüchterung, denn nach 70 Minuten hatte Bayern ein 5:5 herausgeschossen. Dabei blieb es. Vier der fünf Münchener Tore erzielte übrigens Gerd Müller, damals auf dem Höhepunkt seiner Torjägerqualitäten. 1976, drei Jahre später, fuhren die Bayern nach Bochum und rauschten dort – vermeintlich! – in eine fette Niederlage. Spielstand nach 55 Minuten: 4:0 für den VfL. Und wieder mal kippte ein Spiel auf spektakuläre Weise; denn die Bayern gewannen diese Partie noch, Uli Hoeneß machte in der 89. Minute das 5:6.

Werder Bremen produzierte in den Neunzigern diverse »Wunder von der Weser«. Eines davon war das Champions-League-Viertelfinale gegen den SC Anderlecht. Da führten die Belgier bis zur 66. Minute mit 3:0 im Weserstadion. Was folgte, war eine ekstatische Werder-Show mit Toren von Wynton Rufer (2), Rune Bratseth, Marco Bode und Bernd Hobsch. Werder Bremen hatte das Ding in einer knappen halben Stunde gedreht und mit 5:3 gewonnen. Ähnlich spektakulär ging es zu bei Bayer Uerdingen gegen Dynamo Dresden 1986 (siehe dazu Seite 175).

Auf höchster europäischer Ebene startete die Achterbahn der Fußballgefühle beim Champions-League-Finale 2005: Bis zur Pause bahnte sich ein Debakel für Liverpool an, der AC Milan führte unangefochten mit 3:0. Ob es die Einwechslung von Didi Hamann in der zweiten Hälfte war? Jedenfalls wendeten die Reds das Blatt, erkämpften ein 3:3 bis zum Ende der Verlängerung und entschieden dann auch das Elfmeterschießen für sich. Liverpool war Champions-League-Sieger! Und brauchte vierzehn Jahre, um mit Jürgen Klopp die Trophäe ein weiteres Mal an die Merseyside zu holen.

Ein Champions-League-Ergebnis des BVB aus dem Jahr 2013 wirkt bis heute auch wie ein Wunder: Borussia Dortmund stand im Viertelfinale gegen Málaga, hatte im Hinspiel ein 0:0 geholt und lag im Rückspiel nach 90 Minuten mit 1:2 hinten. Aus und vorbei also? Nein! Denn es begab sich folgendes: 91. Minute, 2:2, Marco Reus; 92. Minute, 3:2, Felipe Santana. Málaga raus, Dortmund im Halbfinale! Die Champions-League-Saison endete dann mit dem ersten und einzigen rein deutschen Finale, in dem die Bayern über den BVB triumphierten.

Das gleiche Ergebnis wie bei der Partie Dortmund-Schalke im Herbst 2017 gab es fünf Jahre zuvor im WM-Qualifikations-spiel Deutschland-Schweden in Berlin. Da wurden Peinlich-keits-Höchstnoten an die deutschen Nationalkicker vergeben. Die führten unangefochten nach einer Stunde mit 4:0 gegen die bis zu dem Zeitpunkt tiefenentspannt-harmlosen Schweden. Wie es dann dazu kommen konnte, dass die Skandinavier in der dritten Minute der Nachspielzeit ein 4:4-Remis holen durften, können sich einige Beteiligte bis zum heutigen Tag nicht erklären. Aber immerhin: Deutschland beendete diese WM-Rutsche mit dem Titel 2014, spätestens da war der Ärger über das versemmelte Schweden-Spiel verraucht.

Manchmal geht es also so richtig rund in den Fußballstadien. Bis dahin dürfen wir uns schon mal einen Knopf abfreuen, weil unsere Lieblingsmannschaft unter scheußlichen Umständen 1:0 gewonnen hat. Oder wir regen uns über den Schiedsrichter auf, über die Herrschaften im Kölner Keller oder über die falschen Aufstellungen und Einwechslungen des Trainers. So kommt zumindest keine Langeweile auf. Notfalls holen wir uns noch ein Bier und eine Bratwurst.

Günther Koch
»Ich melde mich vom Abgrund.«

Am 29. Mai 1999 wurde das wohl größte Abstiegsdrama der Fußball-Bundesliga aufgeführt: Hansa Rostock, Eintracht Frankfurt und der 1. FC Nürnberg waren beteiligt, die Nürnberger stiegen am Ende ab. Ein Interview mit Günther Koch, der das Spiel Nürnberg gegen Freiburg im ARD-Radio übertrug:

Breuckmann: »War dieser Abstiegskrimi der emotionale Tiefpunkt Deiner Karriere?«

Koch: »Ja, auch wenn ich knappe drei Tage zuvor in Barcelona das Champions-League-Finale FC Bayern München gegen Manchester United mit dem Bayern-K.o. in der Nachspielzeit übertragen hatte. Über Mangel an Emotionen konnte ich mich in jenen Tagen also nicht beklagen.«

Breuckmann: »Hast Du böse Vorahnungen gehabt?«

Koch: »Zumindest theoretisch war ich auf alles vorbereitet. Dennoch hielten mich vor allem die Kollegen neben mir und eine Reihe vor mir für durchgeknallt, weil ich frühzeitig, also noch vor der Halbzeitpause, von einem möglichen Club-Abstieg orakelte.«

Breuckmann: »War Deine Verzweiflung am Mikrofon echt?«

Koch: »Ja, und ich denke, die Hörer haben das gespürt.«

Breuckmann: »Ich hab mir zwischendurch Sorgen um Deine Gesundheit gemacht.«

Koch: »Meine Gesundheit wird es schon nicht zu sehr angegriffen haben – schließlich war und bin ich als Club-Reporter bis heute einiges gewöhnt. Aber eine Viertelstunde nach dem Abpfiff – da bin ich heimlich und leise in mein Auto geflüchtet und habe geheult. Da war's mit meiner Fassung vorbei.«

Breuckmann: »Wussten denn die Zuschauer und die Spieler immer, wie die Situation gerade war?«

Koch: »Von wegen. Im Stadion wurden keine Ergebnisse gezeigt, und die Club-Spieler waren die ärmsten Schweine. Sie glaubten am Ende, sie hätten zwar schlecht gespielt, seien aber nicht abgestiegen. Einige wollten feiern und Sekt aufmachen, bis sie in der Kurve von dem Desaster erfahren haben. Andi Köpke zum Beispiel hat's total kalt erwischt.«

Breuckmann: »Wie lange hat Dich dieses Spiel noch verfolgt?«

Koch: »Ich hatte noch Monate später Probleme, am Stadion vorbeizufahren. Eine Einladung zu einem Leichtathletik-Länderkampf im Frankenstadion habe ich abgesagt. In der ersten Betroffenheit wollte ich keine Spiele des Clubs mehr übertragen. Das habe ich mir dann aber doch noch anders überlegt.«

Die Mutter aller Abstiegsdramen
—————————————— *Mannis Kommentar*

Günther Koch, der bedauernswerte Clubberer, der strahlende Frankfurter Dirk Schmitt und ich, wir drei waren die Krimireporter, die in Nürnberg, Frankfurt und Bochum die irrsinnige Antwort auf die Abstiegsfrage 1999 am Radiomikro begleiteten. Dafür bekamen wir im Jahr darauf bei der ARD-Sportgala »Victoria« den Sonderpreis, eine hammerschwere Metallplastik, die mich noch heute in meinem Wohnzimmer anguckt. Wir haben aber auch hart gearbeitet an diesem warmen Maitag. Das Allerschlimmste für mich: die ständige Rechnerei, wen es denn gerade erwischt hatte. Ich war Reporter, kein Rechenschieber!

Schon die Ausgangslage schien nicht unspannend: Gesucht wurde der dritte Absteiger, Bochum und Mönchengladbach waren schon weg; fünf Kandidaten gab es für die Fahrt in die Hölle: Frankfurt (34 Punkte), Hansa Rostock (35), Freiburg (36), Stuttgart (36) und der ruhmreiche 1. FC Nürnberg mit 37 Punkten.

Die Nürnberger hatte also die komfortabelste Startposition für den 34. Spieltag: Sie mussten nur einen Punkt gegen Freiburg holen und wären aller Sorgen ledig gewesen. Im direkten Vergleich mit Frankfurt hätte sich der FCN sogar eine knappe Niederlage bei gleichzeitigem dünnem Sieg der Eintracht gegen Lautern erlauben können.

Zur Pause war Frankfurt weg vom Fenster: 0:0 stand es im Waldstadion, die anderen Kandidaten führten (Stuttgart, Freiburg, Rostock), Nürnberg musste sich trotz eines 0:2-Rückstandes (noch) keine Sorgen machen.

Der VfB Stuttgart hielt sich im zweiten Durchgang aus dem Drama raus; die 1:0-Führung gegen Werder Bremen war gleichzeitig der Endstand. (Deswegen bekam der Reporter auch nicht die »Victoria«; die Welt ist ungerecht!)

In den letzten 20 Minuten boxt der Papst: Frankfurt führt nach 70 Minuten mit 2:1, und als die Bochumer kurz danach innerhalb von drei Minuten aus einem 0:1 ein 2:1 machen, ist Rostock abgestiegen! Die Nürnberger halten sich immer noch für sichere Erstligisten.

In der 77. Minute gleicht Rostock aus, die Frankfurter führen 4:1 und haben Nürnberg wegen der Tordifferenz überholt, aber Rostock ist immer noch Sechzehnter, braucht zur Rettung einen Sieg! In Nürnberg wächst die Unsicherheit. Die letzten Minuten:

83. Minute: 3:2 für Rostock, plötzlich ist der FCN in Liga 2!

85. Minute: Frankfurt ist Absteiger, weil Nürnberg das 1:2 gelingt.

89. Minute: 5:1 für die Eintracht, sagenhaftes Tor von Jan-Aage Fjörtoft, Nürnberg ist nicht mehr erstklassig.

Kurz danach noch ein Nürnberger Pfostenschuss, Baumann fällt der Ball vor die Füße, aus kurzer Distanz versagt der Clubberer. Der Vorhang fällt! Die Nürnberger sind fassungslos, am letzten Spieltag vom scheinbar sicheren Platz 12 auf Abstiegsplatz 16 gerutscht. Frankfurt und Nürnberg mit gleicher Punktzahl und gleicher Tordifferenz, nur: Die Eintracht hat vier Tore mehr geschossen.

Matthias Sammer

Der Schwabe kommt spät, aber gewaltig

Am Ende der Saison 1991/92 gab es ein dramatisches Showdown um die deutsche Meisterschaft mit dem überraschenden Sieger VfB Stuttgart. Eintracht Frankfurt, Borussia Dortmund und der VfB gingen punktgleich in den letzten Spieltag; Frankfurt verlor 1:2 in Rostock, die Dortmunder gewannen mit 1:0 beim MSV Duisburg und hatten 86 Minuten die Hand an der Schale. Die Stuttgarter mit Trainer Christoph Daum siegten durch ein Tor von Guido Buchwald vier Minuten vor dem Ende mit 2:1 in Leverkusen und wurden dank der besseren Tordifferenz Meister. Matthias Sammer, damals beim VfB, erinnert sich nur lückenhaft:

》Unseren Sieg in Leverkusen habe ich unter kuriosen Umständen miterlebt. Es war nach zwei Jahren mein letztes Spiel für den VfB, mein Wechsel zu Inter Mailand stand unmittelbar bevor. Da habe ich mich schon sehr geärgert, als mir Schiedsrichter Hans-Peter Dellwing in der 79. Minute die rote Karte zeigte. Nach einem vermeintlichen Foul an Jorginho, der nach meinem Empfinden durch die Gegend ›schwalbte‹, wollte der Schiri mir Gelb geben. Als ich protestierte und auch noch einen kleinen Applaus andeutete, zog er plötzlich Rot. Ich trollte mich in den Kabinengang und setzte mich im Duschraum enttäuscht auf die rote Schaumstoffmatte, auf der Wiggerl Kögl vor dem Spiel immer seine gymnastischen Übungen machte. Ich war – beim Spielstand von 1:1 – der festen Überzeugung, der VfB würde im Meisterschaftsrennen den Kürzeren ziehen, und sinnierte über meinen verunglückten Abgang. Denn was auf dem Spielfeld passierte, bekam ich nicht mit, da es Fernsehgeräte im Kabinentrakt damals nicht gab.

Plötzlich kam unser Doc Thomas Fröhlich angerannt und schrie: ›Komm raus, Matthias, wir führen zwei zu eins!‹ Ich wollte schon erwidern ›Verarschen kann ich mich selber!‹, da merkte ich, dass er es offensichtlich ernst meinte und wir ein, nein das Tor geschossen hatten.

Als ich raussprintete, sah ich noch, wie unsere Jungs sich in den Armen lagen. Ich habe eine Weile gebraucht, um die Situation zu begreifen. Ein paar Minuten zuvor war die Meisterschale noch so weit weg wie die Erde vom Mond gewesen, und jetzt hatte uns Guido Buchwald mit seinem Kopfballtor nach Flanke von Kögl auf Wolke neun befördert.

Der VfB Stuttgart war Deutscher Meister, ich zog mit meinem ersten ›West-Titel‹ in der Tasche gen Italien.

Kaum einer hatte uns auf der Rechnung, denn Leverkusen war unter den Gegnern der drei Titelkandidaten der schwerste, für Bayer ging es immerhin noch um einen UEFA-Pokal-Platz. Christoph Daum hatte uns für das entscheidende Spiel in die richtige Spur gebracht. Wir fuhren schon am Donnerstag in die Sportschule Hennef und haben ganz entgegen den Erwartungen hart trainiert, denn Daum gab die Parole aus: ›Wir geben bis zuletzt Vollgas am Samstag!‹ Und am Ende hatten wir tatsächlich das größere Stehvermögen. **«**

Frankfurt, VFB, BVB – das 92er Meisterdrama
————————————— *Mannis Kommentar*

In der Bundesliga wurde die Meisterschaft 25-mal am letzten Spieltag entschieden. Diese besonders knisternde Spannung ist nach 2010 aus der Mode gekommen, zweimal Dortmund und danach immer nur die Bayern machten das Titelrennen vor dem letzten Bundesliga-Samstag klar, Bayern München 2014 sogar schon am 27. Spieltag.

Das Saisonfinale 1991/92 gehört zu den ganz großen Fußballdramen. Nicht nur, weil vor dem Buchwald-Paukenschlag drei Teams punktgleich an der Spitze lagen; sondern weil mit Daums Stuttgartern die Mannschaft das Rennen machte, mit der nur Stuttgarter gerechnet hatten.

Es war das Jahr nach der Wiedervereinigung, die Bundesliga spielte mit zwanzig Vereinen, weil Rostock und Dresden aus der DDR-Oberliga hinzugekommen waren. Dortmund hatte von den drei Meisterkandidaten die schlechteste Tordifferenz und war trotzdem vier Minuten vor dem Ende Deutscher Meister: Der BVB führte beim MSV Duisburg seit der 9. Minute durch Stéphane Chapuisat mit 1:0, die Konkurrenz kam nicht in die Puschen.

Guido Buchwald zerstörte mit seinem Tor die schwarz-gelben Träume. Wie fünfzehn Jahre später, bei der Meisterschaft 2007, lauerten die listigen Schwaben im Hinterhalt, um im entscheidenden Augenblick zuzuschlagen.

Das größte Trauerspiel fand in Rostock statt. Augenzeugen berichten, sie hätten noch nie so viele Männer weinen sehen wie nach dem Frankfurter 1:2 an der Ostsee. Die Aufgabe bei Hansa Rostock hielten die meisten Eintracht-Fans für eine Formalie. Frankfurt war praktisch schon Deutscher Meister. Mit den Spitzenkräften Uli Stein, Uwe Bein, Andy Möller und Anthony Yeboah spielten die Hessen frisch nach vorne; die Medien sprachen von Fußball 2000. Zwar gab es häufig Zoff zwischen Stein und Möller, die merkwürdigen Personalrochaden von Trainer »Stepi« Stepanović provozierten Zwietrachtattacken, aber die Eintracht, da waren sich die Experten einig, war einfach mal dran.

Im entscheidenden Spiel jedoch machten die Nerven nicht mit, die Mannschaft spielte wie gelähmt. Uli Stein sagte hinterher: »Rostock war der Wegweiser für die Zukunft der Eintracht, wir sind falsch abgebogen.« Nach dem Schlusspfiff zerlegte Ralf Weber eine Fernsehkamera und wurde im letzten Moment daran gehindert, Schiedsrichter Berg zu attackieren, der einen berechtigten Elfer nicht gegeben hatte. Nur Trainer Stepanović war abgezockt genug, Ruhe zu bewahren; er prägte den bis heute unvergessenen Spruch: »Lebbe geht weida.«

Zu den Gewinnern von Rostock gehörte ZDF-Reporter Töpperwien: Er stand dabei, als ein reicher Eintracht-Fan die zwanzig Tausender, die er als Prämie für die Mannschaft vorgesehen hatte, wütend in die Luft warf. Töpperwien gehörte zu denen, die beherzt zugriffen.

Jürgen Croy

Zwickauer Torwart und Pokalheld

Am 14. Juni 1975 fand zwischen Sachsenring Zwickau und Dynamo Dresden das dramatischste Pokalendspiel im DDR-Fußball statt. Zwickau gewann nach Elfmeterschießen, der Torwart Jürgen Croy verwandelte den entscheidenden Elfmeter und denkt noch mal zurück.

» Wir mussten im Endspiel gegen die favorisierten Dresdner ran. Wir hatten zwar auch eine gute Truppe, aber in der DDR gab es damals einige Top-Clubs, die regelmäßig die Titel abräumten – darunter auch Dynamo Dresden. Das Spiel fand erstmals in Berlin im Stadion der Weltjugend statt, wir spielten vor 55 000 Zuschauern. Geschätzt kam die Hälfte der Fans aus Dresden, ein Drittel aus Zwickau, der Rest waren neutrale Zuschauer. Die Fans sind über die gleiche Autobahn zum Spiel nach Berlin angereist. So war ein Großteil der Autos schwarz-gelb oder rot-weiß geschmückt, schon auf der Hinfahrt kam es zu freundschaftlichen Wortduellen zwischen beiden Seiten – damals lief so etwas noch friedlich ab.

Wir konnten relativ unbeschwert ins Spiel gehen. ›Unsere Chance ist die, dass wir keine haben‹, sagten wir uns. Es wurde ein klarer Sieg von Dresden erwartet. Das Spiel war dann sehr ausgeglichen mit Möglichkeiten auf beiden Seiten. Die Zuschauer waren begeistert, wir boten ihnen ein gutes, unterhaltsames Fußballspiel. Mit jeder Minute, die im Spiel verstrich, sahen wir unsere Chancen steigen, sogar den Titel zu holen. Spielstand nach 90 Minuten: 1:1.

Croy verwandelt sicher und schießt den Außenseiter
Zwickau zum Sieg.

Vor allem die Verlängerung wurde dann richtig mitrei-
ßend. Nach dem 2:1 für Dresden gelang uns in der 118. Minute
der späte, aber verdiente Ausgleich. Danach waren wir im
psychologischen Vorteil, ich habe mich sogar richtig auf das
Elfmeterschießen gefreut. Als Torwart kann man nur gewinnen. Dass ich dann tatsächlich zwei Elfmeter hielt, ist natürlich phantastisch. Ich hatte vorher schon mit dem Trainer be-
sprochen, dass ich den letzten Elfmeter schieße, wir hatten
das im Training auch geübt. Ohne überheblich sein zu wollen:
Ich war überzeugt, dass ich ihn reinmache.

Zwei Geschichten am Rande zeigen, wie fest der Dresdner
Sieg eingeplant war. Die DDR-Reporterlegende Hans-Florian
Oertel riet den Dresdner Fans, als die Schwarz-Gelben in der
Verlängerung in Führung gingen, schon mal den Sekt kalt zu
stellen. Wenn ich ihn heute treffe, muss er immer noch

schmunzeln über seine voreilige Ansage. Und auch die Verantwortlichen des Fußballverbands waren mit dem Bankett und dem ganzen Drumherum auf einen anderen Sieger eingestellt, sogar die Reden waren auf Dresden gemünzt. Es musste improvisiert werden – so etwas liebte man in der DDR ...

Die gleichen Herren waren sich nach dem Sieg auch unsicher, ob Zwickau überhaupt für den Europapokal der Pokalsieger gemeldet werden sollte – man hatte Angst, dass wir den DDR-Fußball auf internationaler Ebene blamieren würden. Erst kurz vor Schluss ist dann die Anmeldung erfolgt. Wir haben dann Clubs wie Panathinaikos Athen, AC Florenz und Celtic Glasgow ausgeschaltet und erst im Halbfinale gegen RSC Anderlecht verloren. Ich denke, wir haben gezeigt, dass wir reif für die internationale Bühne waren ... «

»... sieben, acht, neun, zehn: Klasse!« – Fußball in der DDR

———————————————— *Mannis Kommentar*

Wenn die DDR-Clubs im kapitalistischen Ausland tourten, vor allem in der »revanchistischen BRD«, dann wurden sie jeweils von straff organisierten Trupps fähnchenschwenkender Schlachtenbummler begleitet. In den Betrieben handverlesen, »gesellschaftlich zuverlässig«, skandierten sie auf dem Höhepunkt der DDR-typischen Fußballekstase den mitreißenden Sprechchor: »... sieben, acht, neun, zehn: Klasse!«

Das erhöhte nicht wirklich das Niveau des ostdeutschen Fußballs, der an internationalen Höhepunkten aber immerhin die WM-Teilnahme 1974 (Sparwasser!), den Europapokalsieg Magdeburgs und die Finalteilnahmen von Leipzig und Jena anzubieten hatte. Bei den Olympischen Spielen waren die sozialistischen »Staatsamateure« gegenüber den zweitklassigen Profis oder den »richtigen« Amateuren aus dem

Westen erfolgreicher: Dort holte die DDR einmal Gold (1976), einmal Silber (1980) und einmal Bronze (1972).

Zwar war der Sport ein wichtiger Bereich, um die Überlegenheit des sozialistischen Gesellschaftssystems zu dokumentieren, die großen Erfolge präsentierten aber die Schwimmer, Leichtathleten, Rodler, Skispringer und Eiskunstläufer. Der Fußball war zwar populär, aber trotzdem ein Stiefkind der DDR-Sportpolitik. Ein Grund dafür ist sicherlich der in der sozialistischen Ideologie angelegte Vorrang des Kollektivs. »Sie sollten sich einordnen und arbeiten«, sagt Hans Meyer, einer der prominenten DDR-Trainer, die es später auch im Westen schafften. »Die DDR wollte es unbedingt vermeiden, dass sich irgendjemand aus der grauen Masse abhob.«

Damit wurde von vornherein die Grundlage erfolgreichen Fußballs ausgehebelt: die ausgewogene Mischung zwischen funktionierendem Mannschaftsspiel und herausragenden, manchmal exzentrischen Stars. Die waren nämlich nicht erwünscht.

Außerdem litt der DDR-Fußball am notorischen Planungs- und Lenkungswahn der politisch Verantwortlichen. In den Sechzigerjahren beispielsweise wurden in Leipzig die beiden Clubs Lokomotive und Rotation wegen Erfolglosigkeit aufgelöst. In der Neugründung SC Leipzig mussten die vermeintlich besten Leipziger Fußballer den Ball treten, der traurige Rest durfte bei der bis dato unterklassigen BSG Chemie Leipzig mitspielen. Die gärende Wut setzten die degradierten Fußballer in Energie um und wurden 1964, unterstützt durch die große Mehrheit der Leipziger Fußballfans, DDR-Meister.

Zu den merkwürdigen Hobbys der Parteioberen gehörte auch die räumliche Verpflanzung kompletter Vereine, wie zum Beispiel 1971 die Umsiedlung des Berliner Armeesportclubs Vorwärts in die Provinz nach Frankfurt/Oder. Für die DDR-Fußballfans schwer zu ertragen war auch die Bevorzugung des Berliner Stasi-Clubs Dynamo. Mielkes Lieblingsverein wurde unter anderem deswegen von 1979 bis 1988 zehnmal in Folge Meister, weil Schiedsrichter von der Stasi »gekauft« waren.

Letzter DDR-Meister wurde 1991 Hansa Rostock, das letzte Länderspiel gewann die DDR-Auswahl im September 1990 mit 2:0 in Belgien; zweifacher Torschütze war Matthias Sammer.

Christoph Biermann
Kleine Haarprobe, große Folgen

Im Oktober 2000 wurde Christoph Daum, dem damaligen Trainer von Bayer Leverkusen und designierten Bundestrainer, der Konsum von Kokain nachgewiesen. Den öffentlichen Anstoß für den Skandal hatte Daums Intimfeind Uli Hoeneß gegeben, den Beweis lieferte eine von Daum selbst eingereichte Haarprobe. Über seine Wahrnehmung dieser bewegten Zeit berichtet der Journalist Christoph Biermann:

»Ich war damals als Regional-Sportkorrespondent der Süddeutschen Zeitung in einer besonderen Situation: Weil unser Sportchef Ludger Schulze in einem Kommentar die Haarprobe für Daum erst in die Diskussion gebracht hatte, galt unser Blatt zu Unrecht als Zentralorgan des FC Bayern.

Drogengerüchte um Christoph Daum, die es immer gegeben hatte, habe ich nie ernst genommen. Ich dachte mir, dass er von Natur aus auf Speed ist, ein extrem besessener Typ mit einem starken Hang zur Selbstdarstellung. Als Uli Hoeneß mit seinen Mutmaßungen in die Presse ging, fand ich, der Bayern-Manager sei übers Ziel hinausgeschossen, ein typischer Hoeneß eben.

Als die Diskussion kurz vor der Haarprobe richtig heißlief, habe ich es aber auch nicht für ausgeschlossen gehalten. Die ganze Affäre war bizarr, so etwas hatten wir in der Sportberichterstattung noch nicht. Außerdem war der Fall ein Beleg für den Sozialwandel im Fußball: Da ging einer nicht in die Eckkneipe und kippte Bier, Wein und Schnäpse, nein, er zog sich eine Linie Koks rein. Und weil es sich um harte Drogen handelte und zudem ein designierter Bundestrainer beschuldigt wurde, war der Riesenwirbel verständlich und unvermeidbar.

Daum war wieder mal der Undurchschaubare, der Mann mit dem Talent für Chaos. Ich glaube, er würde das zwar nie zugeben, aber irgendwie fühlt er sich im vollkommenen Durcheinander wohl. Nach dem positiven Untersuchungsergebnis tauchte er ab, war von der Bildfläche verschwunden. Es war nicht einmal ausgeschlossen, dass er sich vielleicht etwas angetan hatte, bis ihn die Bild-Zeitung in Florida auftrieb und menschelnde Gespräche mit ihm führte.

Der absolute Tiefpunkt der Affäre war für mich aber die Pressekonferenz nach seiner Rückkehr aus den USA. Ich war wirklich fassungslos, dass Daum kein Verständnis für die Dimension des Skandals zeigte. Er gab zwar den ›gelegentlichen Konsum‹ von Drogen ›im privaten Bereich‹ zu, tat aber alles, um diesen Tatbestand zu relativieren. Daum ging sogar so weit, als Auslöser des Kokaingebrauchs seine Hüft-Arthrose zu benennen, deren Schmerzen er bekämpfen wollte. Bei seinem Vortrag kasperte er herum, grinste ständig und benahm sich so, als würde gerade eine Art Kabarettnummer aufgeführt.

Er verkannte den tiefen Ernst der Situation, in der er sich ja nicht nur selbst beschädigt, sondern auch Bayer-Funktionsträger wie Reiner Calmund und Wolfgang Holzhäuser an den Rand ihrer beruflichen Existenz gebracht hatte. Durch falsche Angaben hatte er diese beiden nämlich animiert, öffentliche Treueschwüre für Daum abzulegen.

Christoph Daum war für mich ein sehr guter Trainer und beileibe nicht nur ein Heißmacher. Aber nicht zuletzt er selbst musste wahrscheinlich immer wieder entsetzt in seine eigenen Abgründe blicken. ‹‹

Fußball auf Droge? Daum und andere
———————————— *Mannis Kommentar*

Die Illusion von einer drogenfreien Gesellschaft ist zu absurd, um sie wirklich ernst zu nehmen. Und je nach Definition geht es bei der Abhängigkeit von Drogen nicht nur um irgendwelche Substanzen, sondern auch um Arbeit, Sex, Zocken, Internet – schlicht um alles, was den Menschen auf krankhafte Weise in Besitz nimmt.

Der Fall Daum war nur deshalb so spektakulär, weil es um eine harte Droge ging und weil ein designierter Fußball-Bundestrainer sie schnüffelte; ein Schauspieler oder Rockmusiker wäre nicht so geächtet worden wie der Trainer mit den flackernden Augen.

So mancher Trainerkollege oder Manager ließ sich das nächste Glas Bordeaux oder Pils reichen, während er noch den flammenden Protest gegen den koksenden Christoph formulierte, und Reiner Calmund haute den schärfsten Gag raus, indem er forderte, die Bayer AG dürfe nicht in die Nähe von Drogen gerückt werden.

Auch beim kickenden Personal wird schon lange über den Einsatz verbotener Substanzen diskutiert. Flüssig, als Pille, injiziert oder rauchig inhaliert – es gibt so viele schöne Dinge, die den Druck erträglicher machen oder die Leistungsfähigkeit auf Trab bringen. Aber Doping im Fußball? Vielleicht gibt's mal hier und da das berühmte schwarze Schaf – oder es passiert eine Panne: Grippetabletten zum falschen Zeitpunkt, versehentlich gesprühtes Asthmaspray etwa. So die gängige Betrachtungsweise.

Trotzdem: Punktuell wird immer wieder Drogenkonsum bei Fußballprofis aufgedeckt. Speziell in der Premier League ist das Freizeitverhalten der Spieler nicht immer sauber. 2017 wurde dreizehn Profis der Gebrauch von Marihuana, Kokain und Ecstasy vorgeworfen, 2019 wurden zwei Spieler mit Kokain erwischt. Nicht nur in England, sondern europaweit sehr beliebt ist der Genuß des oft aromatisierten Kautabaks »Snus«, bei dem das Nikotin direkt in die Blutbahn geht.

Immer noch kommt gerne das alte Standardargument, wegen der komplizierten Abläufe mache Doping im Fußball überhaupt keinen Sinn. Aber es geht auch um Rennen und Kämpfen bis zur letzten Sekunde; die deutschesten aller deutschen Tugenden können durchaus durch Schlucken und Spritzen positiv beeinflusst werden.

Nahmen die 1954er-Helden nur Traubenzucker oder den Schnellmacher Pervitin? Welche Rolle spielte in den Achtzigern das Aufputschmittel Captagon? Was passierte bei Juventus Turin und Olympique Marseille in den Neunzigern? Und heute? Anabolika für eine schnellere Regeneration, Epo für die Kondition und eine Handvoll Schmerzmittel, wenn's unerträglich wehtut? Ein Dopingexperte sagte mal: »Überall, wo viel Geld verdient wird, kann Doping nicht ausgeschlossen werden.« Die Geschichte von der weißen Dopingwste im professionellen Fußball ist viel zu schön, um wahr zu sein.

Dieter Hoeneß
Der blutige Turban

*Im Pokalfinale 1982 schlug der FC Bayern München den 1. FC
Nürnberg im Frankfurter Waldstadion mit 4:2 nach einem
0:2-Rückstand. In Erinnerung geblieben ist aber nicht nur
der dramatische Spielverlauf, sondern der schlimm blutende
Bayern-Stürmer Dieter Hoeneß, der mit seinem Kopfverband* .
*einfach weitermachte. Hoeneß fand das alles nicht so
schlimm:*

»» Es passierte in der 13. Minute: Ein langer Ball flog in die Nürnberger Hälfte, ich sprang hoch und wollte ihn mit dem Kopf
verlängern. Bei dieser Aktion prallte ich mit dem Nürnberger
Alois Reinhardt zusammen. Dann lagen wir beide blutüber-
strömt am Boden, Reinhardt haben sie ohne Verband wieder
hingekriegt, aber mir verpassten sie diesen Turban.

Es war eine tiefe Wunde auf der oberen Stirn kurz vor dem
Haaransatz, das Blut sprudelte fast, und in der ersten Halbzeit versuchte unser Doc Müller-Wohlfahrt immer wieder, die
Blutung mit Kompressen und einem blutstillenden Medika-
ment zu stillen. Das funktionierte aber nicht richtig. Wäre es
kein Pokalfinale gewesen und hätten wir nicht zur Pause mit
0:2 hinten gelegen, wäre ich wahrscheinlich rausgegangen.
Heute ließe der Schiedsrichter nicht zu, dass ein so furchtbar
blutender Spieler weiterspielt.

In der Pause sagte mein Bruder, schon damals Manager bei
Bayern, zu mir: ›Du darfst dich nicht auswechseln lassen.‹ Ich
stimmte ihm zu, spielte mit blutverschmiertem Turban weiter

»Das Schlimmste war noch, wie sie in der Halbzeit die Wunde genäht haben.«

und habe ja dann als Krönung noch kurz vor Schluss per Kopf das entscheidende 4:2 gemacht.

Ehrlich, ich habe keine Schmerzen gespürt, das Schlimmste war noch, wie sie in der Halbzeit die Wunde genäht haben. Das tat richtig weh, aber ansonsten: kein Blackout, keine Gehirnerschütterung, keine inneren Verletzungen. Vielleicht habe ich ja auch das Schmerzempfinden durch die Konzentration auf dieses wichtige Spiel einfach weggeknipst; wenn du so auf ein Ziel fokussiert bist, kannst du belastende Dinge wie Schmerzen auch ausblenden.

Ich kam mir hinterher nicht wie der große Held vor, ich habe mit Kopfschütteln festgestellt, dass sich alle so aufregten, an der Spitze Dieter Kürten im ZDF, der ständig Vokabeln wie ›lebensbedrohlich‹ und ›unverantwortlich‹ benutzte. Meine Frau saß schwanger zu Hause vor dem Fernseher und drehte fast durch. Noch einmal: Der Vorgang war spektakulär, aber das Risiko war kalkulierbar, ich habe mich hinterher nicht vor mir selber erschrecken müssen. «

Dieter Hoeneß, der Eisenharte
—————————————— *Mannis Kommentar*

Das Rumpsychologisieren hat seine Grenzen, aber: Gibt dieser blutende, sich für seine Mannschaft aufopfernde Dieter Hoeneß nicht Hinweise auf wesentliche Charakterzüge? Die Hoeneß-Brüder sind als Ulmer Metzgersöhne wertkonservativ erzogen worden; dazu gehörten Werte wie Freundschaft, Familie, Zuverlässigkeit und Opferbereitschaft. Wenn einer das verinnerlicht hat und dazu noch die nötige Härte gegen sich selbst aufbringt, dann verhält er sich genau wie Dieter Hoeneß im Pokalfinale.

Dieter war immer Kämpfer, Torjäger und Kopfballspezialist mit entwicklungsbedürftiger Technik. Als Profi wirkte er zwölf Jahre, beim VfB Stuttgart und bei Bayern München; 288 Bundesligaspiele hat er auf dem Buckel, die Torquote lässt sich mit 127 Treffern durchaus sehen. Dieter Hoeneß' Karriere in der Nationalmannschaft gleicht indes einem Schnupperkurs: sechs Spiele mit vier Toren.

Als Manager schuf Hoeneß die moderne Berliner Hertha, die die Saison 2008/09 mit einem vierten Platz abschloss und zwischendurch sogar reif für die Meisterschaft schien. Danach verlor der Manager aber den schon lange schwelenden Machtkampf gegen den Präsidenten Werner Gegenbauer: Sein noch bis Juni 2010 laufender Vertrag wurde vorzeitig aufgelöst. Dem langen Schwaben wurden sein autoritärer Führungsstil und sein autokratisches Auftreten zum Verhängnis.

Dieter Hoeneß war 1996 nach Berlin gekommen, nachdem er PR-Manager einer Computerfirma und Manager beim VfB

Stuttgart gewesen war. Hertha war damals ein angestaubter Traditionsverein, abgesackt in die Zweite Liga, mit amateurhaften Strukturen. Das alles hat der Manager nachhaltig verändert. Es gab auch Rückschläge: Transferflops, einen Sack voller Schulden, noch 2006 akute Abstiegsgefahr. Aber Dieter Hoeneß hatte eben zu Hause gelernt, bei Schwierigkeiten nicht aufzugeben, sondern durchzuhalten. Trainer Lucien Favre, der sich am Ende auch gegen seinen Mentor stellte, war ein Glücksgriff, er bekam sogar ein Übergangsjahr zugestanden, bis die Berliner endgültig einen Platz unter den Top 5 anpeilten.

Nur das graue Image der Hertha stört noch ein wenig, die Stadt lebt und vibriert nur ganz selten mit dem Verein. Es gibt kaum schillernde Figuren auf dem Platz, und die langwährende Insellage inmitten der DDR wirkt noch nach. 2019 stieg der Finanzwunderknabe Lars Windhorst (der allerdings auch schon Erfahrungen als Pleitier hat) mit einem dreifachen Millionenbetrag bei Hertha ein. Jürgen Klinsmann wurde als Trainer verpflichtet, der »schlafende Riese« Hertha sollte jetzt endlich Aufwachen und zum Fußballgiganten mutieren. Klinsmann verließ nach 76 Tagen unter Absingen schmutziger Lieder den Verein. Die Champions League muss weiter auf Hertha BSC warten.

Dieter Hoeneß guckt sich das nach dreizehn Jahren als »Mister Hertha« aus sicherer Distanz an. Er hängte damals noch ein kurzes Intermezzo als Manager beim VfL Wolfsburg dran, beendete dann sein Fußballleben und gründete eine Unternehmensberatung. Sein Pokalfinale mit dem blutenden Turban lebt derweil in der Erinnerung der Fans weiter: In der Wilden Liga Bielefeld spielte sogar mal eine Hobbymannschaft mit dem martialischen Namen »Dieter Hoeneß Hirnverband«.

Horst Hrubesch
Die Schande von Gijón

Bei der Weltmeisterschaft 1982 in Spanien standen sich im letzten Gruppenspiel am 25. Juni in Gijón die deutsche und die österreichische Nationalmannschaft gegenüber. Das Spiel endete mit 1:0 für Deutschland, was für beide Teams das Weiterkommen und für Algerien das WM-Aus bedeutete – und für Proteste sorgte, denn nach dem frühen Tor stellten beide Teams das Fußballspielen weitestgehend ein. Der damalige Mittelstürmer, das »Kopfball-Ungeheuer« Horst Hrubesch, äußert sich zu den Vorwürfen der Absprache:

» Wir sind sehr mäßig in die WM gestartet, wir haben gegen Algerien schlecht gespielt und verloren. Wir mussten daher gegen Österreich gewinnen, um weiterzukommen. Entsprechend offensiv starteten wir auch und hatten schon zu Beginn des Spiels drei oder vier sehr gute Torchancen. In der 11. Minute flankte Littbarski dann von links, ich ging mit dem Kopf zum Ball, traf ihn allerdings nicht richtig, köpfte ihn mir selbst aufs Knie, von wo aus er dann ins Tor ging: 1:0. In der ersten Halbzeit hatten wir noch ein paar weitere Chancen, die wir aber vergaben.

In der zweiten Halbzeit war es dann vor allem ein Sicherheitsspiel von beiden Mannschaften, wir wollten in erster Linie hinten sicher stehen und kein Gegentor riskieren. Es war ohne Frage kein sehr interessantes, schönes Spiel mehr. Aber das war aus der Sicht beider Mannschaften ja auch absolut verständlich: Beide wären mit diesem Ergebnis weiter, wieso soll man da noch viel riskieren?

Es kam dann der Vorwurf auf, es hätte in der Halbzeit eine Absprache zwischen Deutschen und Österreichern über das Ergebnis gegeben. Dazu kann ich nur sagen: Ich weiß absolut nichts von einer Absprache, mich hat niemand angesprochen und ich weiß auch von keinem anderen Spieler, dass er angesprochen wurde. Ich habe vollen Einsatz gezeigt und um die Bälle gekämpft, in der 70. Minute musste ich sogar wegen Muskelproblemen ausgewechselt werden.

Auch Hans-Peter Briegel und der Österreicher Walter Schachner haben alles gegeben, die haben sich ja heiße Zweikämpfe geliefert. Aber dass Schachner 25 Jahre später der Bild-Zeitung sagt, die Topspieler beider Teams hätten sich in der Halbzeit abgestimmt, er habe davon allerdings nichts mitgekriegt und es erst später erfahren – das finde ich nicht in Ordnung. Wenn man nicht beteiligt ist, sollte man sich in der Öffentlichkeit zurückhalten.

Ich räume gern ein, dass es ein schlechtes Spiel war. Es gab viele Rückpässe, damals durfte der Torwart diese ja noch mit der Hand aufnehmen. Die spanischen Zuschauer wedelten mit weißen Taschentüchern und zeigten so ihren Unmut. Mit dem 1:0 waren wir allerdings eine Runde weiter, das zählte, schließlich waren wir als Europameister angetreten und wollten etwas erreichen – und wir sind ja auch bis ins Finale gekommen. Die Partie fällt bei mir also eher in die Kategorie ›abhaken, vergessen, fertig‹. «

Wenn die Reporter nichts zu reportieren haben
———————————— *Mannis Kommentar*

Ich wohnte in Gijón im stilvollen Parador-Hotel, einer umgebauten Mühle mitten in einem idyllischen Park, und immer wenn ich in jenem Juni 1982 diese Oase der Ruhe verließ und dreihundert Meter weiter das Stadion El Molinón aufsuchte, musste ich mich aufregen und wurde enttäuscht: beim peinlichen 1:2 der Deutschen gegen Algerien und, noch viel schlimmer, beim deutsch-österreichischen Nichtangriffspakt.

Dieses Spiel war aus verschiedenen Gründen eines der ärgerlichsten meiner Reporterkarriere. Ganz praktisch stellte sich siebzig Minuten lang die Frage: Was erzählen wir den Leuten jetzt? Mein Kollege Armin Hauffe und ich – wir übertrugen gemeinsam das Spiel über die volle Distanz – konnten nach dem Hrubesch-Tor keinen einzigen konstruktiven Spielzug mehr schildern. »Heiße Zweikämpfe« und »voller Einsatz« (Horst Hrubesch, siehe oben)? Da müssen uns wohl gerade die charmanten nordspanischen Mädchen abgelenkt haben.

Als Radioreporter hatten wir nicht die Möglichkeit, wie es der Fernsehkollege Eberhard Stanjek tat, einfach mal längere Zeit zu schweigen. Also schimpften wir wie die Rohrspatzen über den Verrat an der Fairness, über den Betrug an den Zuschauern, speziell an den leidtragenden Algeriern, die wütend die Metallzäune schüttelten und mit Geldscheinen (»Betrug!«) wedelten.

Inmitten der Quer- und Rückpassorgie fiel auf, dass der österreichische Angreifer Walter »Schoko« Schachner gelegentlich versuchte, Richtung Tor zu stürmen. Viel später hat er berichtet, in der Halbzeitpause hätten Führungsspieler beider Mannschaften bekräftigt, es beim 1:0 für die Deutschen zu belassen, er, Schachner, habe das aber nicht mitbekommen. Auch Hrubesch hat das nicht bemerkt, vielleicht war er gerade auf'm Klo.

Fast noch übler als das Ballgeschiebe auf dem Platz war für mich das Interview, das ich hinterher mit dem späteren DFB-Präsidenten Gerhard Mayer-Vorfelder führte. Er erklärte mir kühl: »Jede Mannschaft hat das Recht, so zu spielen, wie sie es für richtig hält.« Mit dieser Meinung stand er nicht allein.

Paul Breitner ging so weit, Publikumsschelte zu betreiben: »Die Zuschauer haben überhaupt nicht kapiert, um was es hier für uns ging«, sagte er dreist und ohne jegliche Antenne für die Unsportlichkeit der beiden Mannschaften, »nämlich um das Weiterkommen.« Und Toni Schumacher fügte noch einen besonders gelungenen Scherz hinzu: »Ich habe alles gehalten, was auf meinen Kasten kam«, meinte er lachend.

Der FAZ-Autor Christian Eichler spricht angesichts dieser Kommentare von »jener zynischen Zwischengeneration deutscher Fußballprofis, die nicht mehr den altmodischen Anstand der Altvorderen zeigte und noch nicht das professionelle Bewusstsein für öffentliche Wirkung, das zum Berufsbild kickender Medienprofis von heute gehört«. Die öffentliche Wirkung, sie war tatsächlich verheerend; eine spanische Zeitung würdigte das Spiel sarkastisch auf der Seite mit dem Polizeibericht.

Die FIFA, die mangels entsprechender Vorschriften keine Strafen aussprechen konnte, veränderte immerhin die Regularien: Die Spiele der letzten Gruppenspieltage werden seit 1982 gleichzeitig angepfiffen.

Erich Rutemöller
»Mach et, Otze!«

Frank Ordenewitz provozierte am 7. Mai 1991 im Pokal-Halbfinale des 1. FC Köln gegen den MSV Duisburg eine rote Karte, nachdem er vom FC-Trainer Erich Rutemöller mit dem legendären Ausspruch »Mach et, Otze« das Okay dafür bekommen hatte. So wollte er die Sperre fürs Finale umgehen. Erich Rutemöller erzählt:

»Im Halbfinale konnten wir auch nach Verlängerung keine Entscheidung erzwingen, wir mussten noch mal ran. In das Wiederholungsspiel gingen Frank ›Otze‹ Ordenewitz und Alfons Higl gelb-belastet, nach einer zweiten gelben Karte wären sie für das Finale gesperrt gewesen. Daher haben wir schon vorher überlegt, wie wir das im Notfall verhindern können. Nun war es damals so, dass man die Sperre für eine rote Karte auch in normalen Ligaspielen absitzen konnte – und im Finale doch wieder dabei wäre. Für eine Gelbsperre galt das nicht. Eine Lücke im System, die bald darauf geschlossen wurde: Karten aus dem Pokal können seitdem nur noch im Pokal abgesessen werden.

Otze sah dann in der ersten Hälfte tatsächlich eine gelbe Karte. Etwa 15 Minuten vor Spielende, bei einer Unterbrechung, fragte Otze mich, was er nun machen solle. Und ich sagte ihm: ›Mach et, Otze!‹ Zu dem Zeitpunkt stand es 2:0. Co-Trainer Hannes Linsen bekam das mit und fragte mich, ob ich verrückt sei. Aber ich war sicher, dass wir das Spiel gewinnen würden.

Kurz vor Spielende ergab sich dann die perfekte Gelegenheit. Markus Merk pfiff eine strittige Situation ab, Otze war in der Nähe und drosch wütend den Ball weg – und Merk gab ihm Rot. Otze schlich bedrückt vom Feld. Als dann das Spiel abgepfiffen wurde (wir gewannen 3:0), war die Freude groß. In diesem Überschwang erwischte mich Wolfram Esser zum Interview und sprach mich auf den Platzverweis an. Und im Freudentaumel erzählte ich ihm alles – ich war zu euphorisch über diesen Erfolg und kann zudem nicht lügen.

Der Geschäftsführer des FC, Wolfgang Schänzler, war direkt nach Abpfiff noch zu Otze gerannt – er wusste von den Überlegungen zur Sperre – und sagte ihm, er solle bloß nichts sagen. Hätte er lieber mich ermahnt! Aber so wurde schon direkt nach dem Spiel Otzes Provozieren der Roten Karte publik. Wir setzten uns alle zusammen und überlegten, was zu tun sei. Ich sagte aber, dass ich es verbockt habe und dass ich daher auch dazu stehen und die Konsequenzen übernehmen werde.

Der Sportrichter Kindermann vom DFB wurde auch direkt aktiv: Otze wurde für das Finale gesperrt und ich zu einer Strafe über 5000 DM verurteilt. Otze musste also meine Dummheit aussitzen, aber er ist ein prima Kerl, er war deswegen nie nachtragend und wir verstehen uns auch heute noch blendend. Ich wollte im Falle des Pokalsiegs eine Nachbildung des Pokals für ihn anfertigen lassen – aber dazu kam es ja leider nicht.

Anfangs wurde ich wegen meiner Naivität und Blauäugigkeit angegriffen, bald wandelte sich aber die Wahrnehmung und mir wurde es als Ehrlichkeit und Korrektheit angeheftet. Der Ausspruch ›Mach et, Otze‹ ist zu einem geflügelten Wort geworden. Viele Leute verwenden den Ausspruch, ohne den Ursprung zu kennen. Es gibt in Köln sogar ›Mach et, Otze‹-Feiern und auch eine Kneipe, die so heißt. Und die beiden

Gründer einer Firma in Essen begrüßen sich jeden Morgen mit diesem Ausspruch – zum Firmenjubiläum kürzlich war ich eingeladen. «

Erich Rutemöller – ein redlicher Westfale im Haifischbecken
———————————— *Mannis Kommentar*

Es ist nicht sehr fair, wenn ganze Lebensläufe in der öffentlichen Wahrnehmung auf eine winzige Begebenheit reduziert werden. Bei Erich Rutemöller und der »Mach et, Otze!«-Geschichte wird es besonders ungerecht. Denn der Mann aus dem münsterländischen Rheine ist immerhin als langjähriger Cheftrainer-Ausbilder des DFB (2000 bis 2007) mitverantwortlich für den guten Ruf der deutschen Fußballlehrerschulung. Aber Rutemöllers freudetrunkene, unsägliche Plauderstunde nach dem Pokalspiel von 1991 enthält eine Botschaft: Dieser Mann, der von sich sagt, er könne nicht lügen, ist zu gut für die abgezockte Welt des Profifußballs.

Das hat er nach seinen Trainerstationen in Köln und Rostock erkannt: »Ich glaube nicht«, sagte er, »dass ich mich in diesem Haifischbecken Bundesliga auf Dauer durchgesetzt und wohlgefühlt hätte. Das ist nicht meine Welt.« Seine Welt waren seit 1994 die Verbandsarbeit, die Ausbildung, das Training von Auswahlmannschaften des DFB: U17, U20, die sogenannte Perspektivmannschaft »Team 2006«, Co-Trainer der U21 und der A-Nationalmannschaft.

Ein gutes Gefühl hinterlässt das nicht: Da wird einer als anständiger Kerl mit Sachverstand und lauter positiven Charaktereigenschaften beschrieben, und wenn er genau das in eine fiktive Bewerbung für einen Trainerjob schriebe, ließen sie ihn abblitzen. Zu wenig Schwein, zu sehr Gutmensch, einfach zu gut für diese Welt.

Nicht, dass alle im Profigeschäft Fieslinge und Finsterlinge wären, aber dem Erich Rutemöller fehlen genau die paar Gramm an Härte, Verschlagenheit und Abgeklärtheit, ohne die keiner im zitierten Haifischbecken überleben würde. Im Mai 2005, kurz vor dem Confed-Cup, der WM-Generalprobe, haben Klinsmann und Bierhoff ihn abgesägt. Der redliche Westfale und die amerikanischen Fitnesstrainer, das passte nun gar nicht mehr zusammen. Noch zu seinem 60. Geburtstag, drei Monate zuvor, hörte Rutemöller die Worte Klinsmanns: »Er ist ein ausgesprochen positiver Typ, der unserem Team guttut.« Und Oliver Bierhoff stellte sich nach dem Rausschmiss hin und formulierte ölig: »Erich wird nicht mehr ganz so eng am Trainerstab sein wie vorher.«

Rutemöller muss sich nicht wirklich ärgern, dass er so viel Verlogenheit nicht im Angebot hat. Ein Jahr später stellte ihn Matthias Sammer wieder als Junioren-Trainer ein, aber es dauerte nicht lange, und Rutemöller wurde zwischen den diversen Seilschaften endgültig abgesägt. Später zog er noch hinaus in die weite Fußballwelt: als Berater der iranischen Nationalmannschaft und des Teheraner Clubs Esteghlal, als Scout für das afghanische Nationalteam. Wieder bodenständig wurde er schließlich 2016, als ihn Fortuna Düsseldorf überraschend als Sportvorstand verpflichtete. Aber erst im September 2019 schloss sich der Kreis: Da kehrte Rutemöller als Berater zu seinem Herzensverein 1.FC Köln zurück.

Fredi Bobic

Das Stampfen der Frankfurter Büffelherde

Von 2017 bis 2019 machte die Frankfurter »Büffelherde« mit Jović, Rebić und Haller die Bundesliga und Europa unsicher. 2018/19 erreichte die Eintracht das Halbfinale der Europa League. Und am 19. Mai 2018 entzauberten die Frankfurter den Favoriten Bayern München im Berliner Pokalfinale mit 3:1. Sportvorstand Fredi Bobic blickt zurück:

»Die Eintracht-Fans lechzten förmlich danach, mal wieder einen Titel nach Frankfurt zu holen. Es gab zwar in urgrauen Vorzeiten die Deutsche Meisterschaft 1959 und dann noch vier Pokalsiege 1974, 1975, 1981 und 1988. Der letzte Pott also vor dreißig Jahren, als der Ungar Lajos Détári das Tor zum 1:0 über den VfL Bochum schoss. Die meisten Fans hatten also noch nie einen Titel erlebt. Da war also einfach mal wieder was fällig, und wir hatten ja im Finale 2017, das mit 1:2 gegen Borussia Dortmund verloren ging, schon mal »geübt«.

Gegen Bayern München waren wir natürlich der Underdog, aber seltsamerweise gab es überall eine Grundüberzeugung: Wir schlagen die! Da war bestimmt etwas Wunschdenken dabei, aber sicherlich keine Überheblichkeit, und vor allen Dingen ein sehr starkes Selbstbewusstsein. Unser Präsident Peter Fischer hat das vor dem Spiel auf der Fanbühne am Ku'damm sehr emotional auf den Punkt gebracht.

Und dann wurde dieser Fußballtraum Wirklichkeit! So etwas hatte ich in der Form in meiner Karriere noch nicht erlebt. Ich habe hinterher vor Freude geheult.

Es kam uns natürlich sehr entgegen, dass unser Goalgetter Ante Rebić gleich nach elf Minuten das 1:0 schoss. Die Verunsicherung bei den Bayern hielt sich in Grenzen, und nach Lewandowskis Ausgleich in der 53. Minute dachte ich für einen Moment, dass die Bayern es nun drehen würden. Wie immer. Dann setzte sich bei mir aber die Überlegung fest: Wenn wir dieses Unentschieden erst mal für mindestens zehn Minuten halten, dann ziehen wir das Spiel wieder auf Augenhöhe. Und genau das ist uns gelungen.

Die letzten zehn Minuten und die Nachspielzeit gingen dann in die deutschen Fußballgeschichtsbücher ein, es war ein einziges Drama: Zuerst trifft Lewandowski die Latte, dann, in der 82. Minute, bringt uns Rebić mit einer Kopie seines ersten Tores mit 2:1 in Führung. In der Nachspielzeit stehen die Bayern kurz vor dem Ausgleich, denn bei einem Zweikampf im Strafraum zwischen Boateng und Martínez hätte es Elfmeter geben können. Aber Schiedsrichter Zwayer entschei-

Gaćinović läuft und läuft und schießt die Eintracht ins Glück.

det sich nach Videobeweis dagegen. Danach gibt's eine Ecke für die Bayern, Torwart Ulreich ist auch mit vorne, und dann folgt etwas, das ich gerne den »Lauf für die Ewigkeit« unseres Mijat Gaćinović nenne. Er schnappt sich einfach den Ball fast am eigenen Sechzehner und rennt wie um sein Leben auf das leere Bayern-Tor zu. Das ist so packend, dass viele im Stadion und vor den Fernsehern aufspringen und mitlaufen, unter anderem unsere gesamte Bank. Gaćinović verliert nicht die Nerven und macht mit dem 3:1 in der sechsten Minute der Nachspielzeit alles klar.

Bei unseren ersten beiden Toren saß ich nur da und habe mich mehr innerlich gefreut, aber nach diesem dritten Tor gab es auch für mich kein Halten mehr. Selbst heute kriege ich noch eine Gänsehaut, wenn ich mir diesen elektrisierenden Moment noch mal anschaue. Besonders prickelnd dokumentiert ist das in einem abendfüllenden Film über das Pokalfinale 2018, der sogar in den USA und in Japan gezeigt wurde. Das war eben ein ganz besonderer Fußballmoment, auch für solche Fans, die zwar nicht unbedingt die Eintracht, aber doch den spannungsgeladenen und emotionalen Fußball lieben. «

Pokalhelden – alles ist möglich?
———————————— *Mannis Kommentar*

Die »eigenen Gesetze« des Pokals geraten ins Wanken, wenn es ums Finale oder gar den Pokalsieger geht. Wenn die Pokalrunden sich verdichten, ist es häufig vorbei mit den Davids, die die übermächtigen Goliaths mit ihren Steinschleudern außer Gefecht setzen. Die Bundesligisten haben immer wieder ihre Überraschungen erlebt, der HSV hatte sein Eppingen, die Bayern ihr Vestenbergsgreuth, Schalke und Dortmund denken ungern an Eintracht Trier zurück. Aber wenn es dann so richtig ernst wurde, setzten sich regelmäßig die Etablierten durch. Aber einige Underdogs schafften es doch zumindest ins Finale des DFB-Pokals. So kam der Zweitligist Fortuna Köln 1983 bis ins Endspiel; Gegner war ausgerechnet der Kölsche Rivale FC. Sinnvollerweise fand das Spiel in Köln-Müngersdorf statt, der FC setzte sich knapp mit 1:0 durch. Ein Stadtderby hat es auf dieser Ebene nie vorher und auch später nicht mehr gegeben.

Ein Alleinstellungsmerkmal hatten auch die Amateure von Hertha BSC, die sich 1993 ins Endspiel gegen Bayer Leverkusen kämpften. Zum ersten und einzigen Mal stand eine zweite Mannschaft im Pokalfinale. Seit der Einführung der Dritten Liga 2008 ist das ohnehin nicht mehr möglich. Der Hertha-Profi-Mannschaft ist es nie gelungen, ein Endspiel im eigenen Stadion zu spielen. Und das wird immerhin schon seit 1985 am Stück im Olympiastadion ausgetragen. Die »Hertha-Bubis«, über die 1993 weltweit gesprochen wurde, wehrten sich, so gut sie konnten, mussten aber eine Viertelstunde vor Schluss den Leverkusener Siegtreffer durch Ulf Kirsten hinnehmen.

Einen schönen Höhepunkt in der jeweiligen Vereinsgeschichte durften auch die Fans von Rot-Weiss Essen, Union Berlin und Alemannia Aachen erleben. Die Essener verloren 1994 gegen Werder Bremen, die »Eisernen« aus Köpenick mussten sich 2001 dem FC Schalke 04 mit 0:2 beugen, und die Alemannia wurde 2004 von Werder Bremen mit 3:2 bezwungen.

Also: weit und breit keine Sensationen bei den Pokalfinals? Doch, zwei Ausnahmen gab es. Der damalige Zweitligist Hannover 96 war 1992 der Überraschungssieger gegen Borussia Mönchengladbach, und das 2:1 von Bayer Uerdingen gegen die Giganten von Bayern München sieben Jahre zuvor geht sogar als echte Sensation durch. Hannovers Coup im Elfmeterschießen begründete auf ewig den Ruhm des Torhüters Jörg Sievers. Sievers hatte schon im Halbfinale gegen Werder

Bremen einen Elfer selber verwandelt und einen weiteren gehalten. Im Finale parierte er zwei Strafstöße der Gladbacher; der Begriff »Pokalheld« ist seitdem Namensbestandteil geworden.

Noch verrückter war der Uerdinger Triumph, auch wenn die Krefelder als Bundesligist formal auf gleicher Höhe wie die Bayern agierten. Aber es lagen Welten zwischen dem »kleinen« Bayer-Club und den großen Bayern, die sich anschickten, nach der Meisterschaft 1985 das Double zu holen. Im Trainerduell zwischen Udo Lattek und Kalli Feldkamp schien es zunächst programmgemäß zu laufen: Dieter Hoeneß brachte Bayern in der 8. Minute mit 1:0 in Führung. Die Antwort kam allerdings prompt: Vierzig Sekunden später glich der Uerdinger Horst Feilzer mit einem 10-Meter-Volleyschuss aus. Es war der Tag, an dem Berlin als Daueraustragungsort für das Finale etabliert wurde. Nach dem Uerdinger 1:1 stellte sich immer mehr heraus, dass die Bayern an diesem Tag einfach das schlechtere Team waren. Kurz nach Beginn der zweiten Halbzeit sah Bayerns Dremmler Rot, und Uerdingen legte nach: Nach 66 Minuten gelang Wolfgang Schäfer das 2:1. Es war der Siegtreffer für die Außenseiter. Für den Frankfurter Bub Schäfer war es der Höhepunkt seiner Karriere. Freude- (und nicht nur Freude-)trunken schnappte er sich nachts den DFB-Pokal und wurde später von Mannschaftskameraden daran gehindert, die ganze Nacht mit dem Schmuckstück im Bett zu verbringen. Seinen Spitznamen hatte er allerdings weg: »de Cup«. Die Profikarriere des Wolfgang Schäfer nahm allerdings kein so gutes Ende. Nach diversen Kopf- und Gesichtsverletzungen und einer chronischen Gesichtsnerventzündung ist seine Lebensqualität heute sehr eingeschränkt. Mit seiner Frau betreibt er eine Fußballschule in einem Hotel in Österreich.

Olaf Marschall
König Ottos Durchmarsch

In der Saison 1997/1998 führte der Aufsteiger 1. FC
Kaiserslautern ab dem 4. Spieltag die Tabelle ununterbrochen
an und sicherte sich am vorletzten Spieltag durch ein 4:0
gegen Wolfsburg vorzeitig den Meistertitel – ein beispielloser
Durchmarsch. Olaf Marschall hat mit seinen 21 Toren in der
gesamten Saison wesentlich dazu beigetragen:

» Wir mussten am 33. Spieltag gegen Wolfsburg ran, Bayern
München als unser ärgster Verfolger reiste nach Duisburg.
Wir rechneten mit einem Sieg der Bayern und damit, dass die
Meisterschaft am letzten Spieltag entschieden würde. Es ging
auch sehr gut für uns los, nach knapp einer Stunde führten
wir mit 3:0, und es war klar, dass wir das Spiel gewinnen. Der
Endstand war 4:0.

Die Blicke richteten sich also nach Duisburg, dort wurde
noch gespielt und es stand unentschieden: 1:1. Wir fieberten
dem Schlusspfiff entgegen, und als er kam, gab es kein Halten
mehr – alle stürmten auf den Rasen. Es war Wahnsinn. Eine
Viertelstunde feierten wir in der Kabine mit Sekt, dann gingen wir aber auch wieder raus zu den Fans. Für eine Meister-
feier war eigentlich nichts organisiert, alles war spontan, da
wir mit einem Finale am 34. Spieltag gerechnet hatten. Die
Wolfsburger feierten mit uns, da sie trotz der Niederlage den
Abstieg abgewendet hatten.

Unser Ziel für die Saison war gewesen, die Klasse zu halten,
40 Punkte zu holen. Die hatten wir schnell zusammen. Wir setz-

ten uns früh auf dem ersten Tabellenplatz fest, wir wurden Herbstmeister, und auch im Frühjahr standen wir noch ganz oben. Allmählich dachte man insgeheim schon mal über den Titel nach – öffentlich gesagt haben es aber die wenigsten. Auch die Medien rechneten damit, dass wir irgendwann einbrechen würden. Aber wir hatten eine gute, gefestigte Mannschaft, lauter Topspieler, viele davon Nationalspieler: Reinke, Kadlec, Schjønberg, Sforza, Marschall, Ballack, Hristov – und Otto Rehhagel, einen prima Trainer, der mit seinen Weisheiten wie ›Die Wahrheit liegt auf dem Patz‹ sehr unaufgeregt blieb. Unser Vorteil war zudem, dass wir als Aufsteiger ohne Druck aufspielen konnten, man erwartete von uns nichts. So eilten wir von Sieg zu Sieg und gaben den Druck an die hoch gehandelten Verfolger aus München, Leverkusen oder Bremen weiter.

Nach dem Sieg gegen Wolfsburg wurde eine Woche lang gefeiert, es folgte dann noch ein 1:1 gegen Hamburg, bei dem es für beide Mannschaften um nichts mehr ging. Ich machte an dem Tag mein 21. Tor, einen Elfmeter. Mit ein bisschen Glück hätte ich auch noch Torschützenkönig werden können, aber Ulf Kirsten traf einmal mehr als ich. Ich gönne es ihm, wir wurden schließlich Meister. **«**

Kaiserslautern – lauter Wahnsinnige
————————————————— *Mannis Kommentar*

Der 1. FC Kaiserslautern in den Neunzigerjahren, da kommen viele Bilder hoch: die jubelnden Stefan Kuntz, Gerry Ehrmann und Tom Dooley nach der Deutschen Meisterschaft 1991, der weinende Andi Brehme in den Armen von Rudi Völler nach dem Abstieg 1996, der triumphierende Otto Rehhagel auf der Tartanbahn des Münchner Olympiastadions nach dem 1:0-Auftaktsieg bei den Bayern in der Meistersaison.

Die Überraschungsmeisterschaft mit dem Aufsteiger Lautern war für »König Otto« eine riesige Genugtuung. 1996 haben ihn die Bayern gedemütigt und rausgeworfen, Uli Hoeneß schickte ihm noch diese wenig feine Bemerkung hinterher: »Otto Rehhagel ist ein Trainer für viele Vereine in der Welt – aber nicht für Weltvereine.«

Für einen erfolgreichen Aufsteiger wie Rehhagel, der es vom gelernten Maler über den eisenharten Verteidiger bis zum unantastbaren Fußballherrscher von Bremen gebracht hatte, muss dieser Abgang die schlimmste denkbare persönliche Niederlage gewesen sein. Seine mühsam kontrollierte Schadenfreude, nachdem zwei Jahre später der »Weltverein« vom Provinzclub aus der Pfalz auf Distanz gehalten wurde, war grenzenlos. Das Rückspiel haben die Lauterer übrigens auch (mit 2:0) gewonnen.

Die ohnehin heißblütigen – und manchmal nicht besonders fairen – Fans der Roten Teufel drehten am Rad: 100 000 erwarteten den Deutschen Meister vor dem Rathaus, oben vom Berg grüßte das Stadion, das mehr als symbolisch in Kaiserslautern über allem schwebt. Der Lautern-Fan lernt in seinem Leben die komplette Skala aller möglichen Emotionen kennen. Nur ein winziges Beispiel: Eine Woche nach dem Abstieg fuhren die Lauterer im Mai 1996 nach Berlin und gewannen – 1:0 gegen Karlsruhe – den DFB-Pokal.

Tollhäuser sind keine Kompetenzzentren; der Verstand wird dort regelmäßig am Eingang abgegeben. Und drinnen auf der Bühne präsentieren sich die bekannten Charakterrollen: der redliche, aber ahnungslose Vereinsfunktionär; der wohlhabende oder angeblich wohlhabende Profilneurotiker, der den Verein nur für sein Ego nutzt; der eingeschworene (Edel-)Fan, der wenig wirklich weiß, aber in allen sportlichen und wirtschaftlichen Angelegenheit mitreden oder, noch schlimmer, mitbestimmen will. An diesem gefährlichen Zusammenspiel fehlgesteuerter Charaktere ist der FCK später gescheitert: teure Fehleinkäufe, verdeckte Gehaltszahlungen, Steuerhinterziehung. 8,9 Millionen Euro an Steuern mussten nachgezahlt werden, der Schuldenstand betrug 2002 rund 40 Millionen Euro. Das Desaster endete 2005 mit dem zweiten Abstieg aus der Bundesliga. Aber nur vorläufig. Nach einigen Fahrstuhltrips zwischen Liga zwei und eins ereichten die Lauterer am Ende der Saison 2017/18 die dritte Liga. Ob sie jemals wieder an die goldenen Zeiten der Vereinsgeschichte anknüpfen können, ist fraglich. Für eine fussballverrückte Stadt wie Kaiserslautern ein Desaster.

Jürgen Kohler
Ein Fußballgott lässt ManU verzweifeln

Nach einem 1:0-Sieg im Hinspiel hatte der BVB am Mittwoch, dem 23. April 1997 in Old Trafford die Chance, gegen Manchester United den Einzug ins Champions-League-Finale perfekt zu machen – und sie gewannen erneut mit 1:0. Jürgen Kohler trug in einem seiner besten Spiele überhaupt maßgeblich zu dem Erfolg bei:

» Ein 1:0 in einem Hinspiel ist ein Polster, aber kein dickes. Wir fuhren wild entschlossen nach Manchester und wollten unbedingt ins Finale einziehen. Allerdings waren wir stark ersatzgeschwächt, Sammer, César, Sousa und Freund fehlten, und auch ich war zuerst nicht im Kader – offiziell wegen einer Magen-Darm-Grippe. In Wirklichkeit hatte meine Frau aber am Tag zuvor eine Fehlgeburt erlitten, ich war im Krankenhaus, um mich zu verabschieden. Nur Ottmar Hitzfeld wusste davon, alle anderen kannten lediglich die offizielle Version. Meiner Frau ging es körperlich wieder ganz gut, und so sagte sie abends zu mir: ›Das ist ein wichtiges Spiel, flieg nach Manchester und spiel!‹

Mittwoch früh nahm ich also eine Maschine nach Manchester, legte mich noch einige Stunden schlafen, nachmittags ein Stück Kuchen und einen Kaffee – und dann ging's ins Stadion. Wenn meine Frau nicht ihr Einverständnis gegeben hätte, wäre ich natürlich zu Hause geblieben, insofern hat auch sie ein Stück zum Sieg beigetragen. Ich war nun wild entschlossen, alles zu geben – und das ist eine wichtige Voraussetzung, denn nur wenn man etwas wirklich will, dann schafft man es auch. Eine meiner Stärken ist zudem, dass ich mich gut genau auf den Punkt konzentrieren kann.

Wir waren perfekt auf den Gegner eingestellt, ich kannte meinen Gegenspieler Eric Cantona genau, nicht nur dank Hitzfeld, sondern auch, weil wir Spieler selbst uns mit den Stärken und Schwächen unserer Gegner genau befasst haben. Das ist etwas, was heute im Fußball fehlt: Trotz moderner Analysen kommen die wichtigen, individuellen Informationen häufig nicht bei den Spielern an.

Wir standen gut und spielten eher defensiv, legten einen perfekten Start hin, Lars Ricken erzielte schon nach acht Minuten das 1:0. Danach folgte ein wütender Angriff der Engländer auf den nächsten. So Mitte der ersten Hälfte, als Andrew Cole von rechts zurück an die Fünfmeterraumgrenze passt, an Klos und Feiersinger vorbei und in meinen Rücken, sodass ich das Gleichgewicht verliere. An der Ecke des Fünfers bekommt Cantona den Ball, ich sitze quasi vor dem Tor, versuche mich noch möglichst groß und breit zu machen und hebe aus Reflex mein linkes Bein – und Cantona, frei vor dem fast leeren Tor, schießt es genau an. Danach kann ich noch zwei weitere Male auf der Linie klären, ob Glück oder Können, das sei dahingestellt. Einmal rette ich mit dem Kopf auf der Linie, einmal kann ich den Ball gerade noch vor dem einköpfbereiten Franzosen Cantona klären. Das Spiel muss für ihn wie ein Albtraum gewesen sein. Für mich war es vielleicht das Spiel meines Lebens, und das nach nur wenigen Stunden Schlaf und kaum etwas zu essen. Unsere Fans kürten mich daraufhin zum ›Fußballgott‹.

Auch heute noch fühle ich mich den Dortmunder Fans sehr verbunden, das war eine großartige Zeit beim BVB. Und dieses Spiel war einer der Höhepunkte. Ich kann nur für mich sprechen, aber ich wusste, dass wir jetzt auch die Champions

Wieder kein Tor – Jürgen Kohler und Stefan Klos klären gegen
Eric Cantona und Ryan Giggs.

League gewinnen – wir hatten schließlich den Topfavoriten
ManU rausgeschmissen.

Die wahren Gründe für mein Beinahe-Fehlen erfuhren
meine Mitspieler erst nach und nach, und sie brachten mir
eine unglaubliche Wertschätzung entgegen, die mit Geld
nicht aufzuwiegen ist. Das Geld, das man als Fußballer verdient, ist ja schön und gut, aber was zählt, das sind die Erinnerungen. «

Jürgen Kohler: vom »Grobmotoriker« zum »Fußballgott«
———————————— *Mannis Kommentar*

Schiedsrichter Urs Meier pfiff ab, Enttäuschung raunte durch
Old Trafford, Borussia Dortmund stand im Champions-League-

Finale. Bei uns Radioreportern mischte sich in die Riesenfreude eine Portion Säuernis: Wir mussten das Spiel unter ultraschweren Bedingungen übertragen, eingepfercht in enge Sitze fummelten wir ständig an unseren ISDN-Übertragungskästen herum, weil wegen der Kinderkrankheiten der ISDN-Technik dreimal die Leitung zusammenbrach. So bekamen wir auch Jürgen Kohlers überirdische Rettungsaktion nur am Rande mit. Tja, der technische Fortschritt macht auch vor einem Halbfinale der europäischen Königsklasse nicht halt!

Plötzlich entstand Bewegung in der Kurve hinter dem rechten Tor: Hunderte von englischen Fans stürmten auf den Block der Dortmunder zu. »Ohje, jetzt gibt's Randale«, seufzte ich, um dann freudig erstaunt den wahren Anlass der englischen Fan-Aktion zu registrieren. Sie stellten sich tatsächlich an den Zaun vor die Schwarz-Gelben und applaudierten! Nachdem die Dortmunder zunächst vor Schreck vergessen hatten, weiter »Jür-gen Koh-ler, Fuß-ball-gott!« zu rufen, jubelten sie zurück. Wir journalistischen Beobachter waren beeindruckt, ja fast gerührt: Das hatten wir dem harten Kern der Manchester-Fans nicht zugetraut.

Der »Kokser«, wie sie Kohler in Dortmund nannten, hätte die Szene auch genossen. Er war ohnehin ein Mann der Basis, und bei seinem herzerweichenden Tränenabschied vor dem Saisonfinale 2002 trug er nicht zufällig ein T-Shirt mit der Aufschrift »Danke Südtribüne«. Die Fans nahmen ihm ab, wenn er bekannte, Fußball aus Leidenschaft und nicht wegen des Geldes zu spielen. Sein Lieblingssatz war »Keine Sorge, Trainer, den pack ich«, und die Ankündigung setzte er auch meistens in die Tat um. So sind sie eben, die Waldhof-Buben. »Gegen Jürgen Kohler zu spielen, das ist, wie gegen eine Eisenstange zu treten«, schrieb die Welt. Fragen Sie Marco van Basten, Eric Cantona und Preben Elkjaer-Larsen!

Anfangs noch als »Grobmotoriker« verspottet, holte er als zuverlässiger Abräumer fast alle Titel, die im Fußball möglich sind: Weltmeister, Europameister, Champions-League- und UEFA-Cup-Sieger, deutscher und italienischer Meister. Nur auf der Zielgeraden lief es stockend: Matthias Sammer, vorher Mitspieler und dann BVB-Trainer, setzte ihn in der Meistersaison 2001/2002 oft zugunsten des 21-jährigen Christoph Metzelder auf die Bank. Und in seinem allerletzten Spiel für die Schwarz- Gelben, dem UEFA-Cup-Finale in Rotterdam gegen Feijenoord (2:3), holte er sich nach einer halben Stunde wegen einer Notbremse die Rote Karte ab.

Nach dem Ende seiner aktiven Laufbahn versuchte sich Kohler als Trainer. Was mit der deutschen U21 und dem MSV Duisburg durchaus respektabel begann, setzte sich dann aber mehr im unteren Segment – mit Stationen wie Wirges, Hauenstein, Alfter und A-Jugend Viktoria Köln – fort. Der »Kokser« Jürgen Kohler wird wohl nur als legendärer Abräumer auf dem Platz in Erinnerung bleiben.

Felix Magath
Ein Traumtor zum HSV-Titel

In Athen standen sich am 25. Mai 1983 im Finale des Europapokals der Landesmeister der Hamburger SV und Juventus Turin gegenüber. Bereits in der 9. Minute erzielte Felix Magath mit einem Linksschuss in den Winkel das 1:0. Dabei blieb es auch – der HSV schlug das Turiner Starensemble rund um Michel Platini und wurde Pokalsieger. Magath erinnert sich.

» Der Tag begann für uns auf einem Golfplatz. Nicht irgendein Tag – es war der Finaltag! Das Jahr 1983: Wir waren mitten im Kampf um die Meisterschaft, und auf einmal standen wir im großen Europapokalfinale der Landesmeister! An diesem 25. Mai 1983 hatten wir das zweite Mal (nach 1980) die Chance, uns den größten, den wichtigsten Club-Titel zu sichern. Und wir wollten ihn – unbedingt! Unser Gegner: Juventus Turin. Auch für Juve war es die zweite Chance auf den großen internationalen Erfolg, auf einen Sieg in der Königsklasse. Für beide Mannschaften war der Druck also unglaublich groß!

Und unsere letzte Trainingseinheit fand nun auf diesem Golfplatz bei Athen statt. Weniger als zwölf Stunden noch bis zum Spiel. In Deutschland Spitzenreiter, in Athen klarer Außenseiter. Wir hatten mit Spielern wie Manfred Kaltz und Horst Hrubesch durchaus eine leistungsstarke und erfolgreiche Mannschaft. Trotzdem kamen wir gegen die namhafte Besetzung der Italiener nicht an. Zum damaligen Kader gehörten insgesamt sieben Weltmeister von 1982, unter ihnen der WM-Torschützenkönig Paolo Rossi, Marco Tardelli und Dino Zoff.

Sechs Stunden noch bis zum Spiel. Wir waren wahnsinnig nervös. Das Olympiastadion war mit 73 500 Zuschauern ausverkauft – ich hatte das Gefühl, es seien nur Tifosi im weiten Rund. Die Italiener waren eindeutig in der Überzahl. Dennoch war alles möglich. Ich erwartete ein spannendes Finale und hatte natürlich den großen Wunsch, einen Treffer in diesem überaus wichtigen Spiel zu landen. So wie es mir auch 1977 im Pokalfinale der Pokalsieger gelungen war. Ein Wunschtraum zu diesem Zeitpunkt. Wir standen auf dem Rasen, 45 Minuten bis zum Spiel.

Dann ging es los. Michel Platini wurde durch enge Manndeckung von der ersten Minute an ausgeschaltet, so konnte ich im Mittelfeld völlig frei spielen. Und diesen Freiraum nutzte ich. Ich bekam den Ball, habe einen Schuss angetäuscht, bin dann an Marco Tardelli vorbeigegangen und habe aus 20 Metern von der linken Ecke des 16-Meter-Raums den Ball gut getroffen! Er schlug unhaltbar für Dino Zoff im langen oberen Eck ein. Man hat ihm im Nachhinein vorgehalten, mein Schuss wäre haltbar gewesen. Absoluter Quatsch! Den konnte er nicht parieren.

Das Spiel lief gerade erst seit acht Minuten. Die Stimmung an diesem Mittwochabend im Stadion war atemberaubend. Der frühe Treffer konnte uns einen Teil des Drucks nehmen. Trotzdem blieb die Partie für uns bis zum Schluss ein nervenzerreißendes Duell. Im Nachhinein kann ich sagen, dass ich zu keinem Zeitpunkt das Gefühl hatte, noch verlieren zu können. Abpfiff!

Der Sieg in Athen war der größte in der Vereinsgeschichte des HSV. Mein Treffer war einmalig, und dass er spielentscheidend wurde, macht ihn für mich zu einem der unvergesslichsten Erlebnisse meiner Karriere. Auch noch nach fast vier Jahrzehnten. «

Felix Magath – König von Europa
Mannis Kommentar

Noch heute gibt's wahlweise feuchte oder strahlende Augen, wenn einer im Kreise von Holsten-beseelten HSV-Fans nur den Städtenamen Athen ausspricht. Und die Mannschaftsaufstellung haben sie alle noch drauf: Uli Stein, Manni Kaltz, Holger Hieronymus, Ditmar Jakobs, Bernd Wehmeyer, Wolfgang Rolff, Jürgen Groh, Jürgen Milewski, Felix Magath, Horst Hrubesch, Lars Bastrup und – eingewechselt – Thomas von Heesen. Keine Zaubertruppe, aber eine erfahrene, kompakte, disziplinierte Mannschaft, von der Plaudertasche Ernst Happel auf Kurs gehalten.

Goldene Zeiten sind es damals gewesen für den HaEsVau, Ende der Siebziger-, Anfang der Achtzigerjahre: Schon 1977, unter Kuno Klötzer, holten die Hamburger den Europacup der Pokalsieger (2:0 gegen Anderlecht), 1980 und 1982 sind sie noch zweimal im Europacup-Finale gewesen; in der Bundesliga wurden sie in dieser Phase dreimal Deutscher Meister, und ein ganzes Jahr lang, zwischen Januar 1982 und Januar 1983, 36 Spiele am Stück, wurde der HSV in der Liga nicht geschlagen.

Felix Magath war der Techniker, der Denker, sein Tor von Athen machte ihn zur HSV-Legende. Nicht nur an der Alster, sondern auch in Italien: Alle Juve-Hasser, und davon gibt es nicht wenige, lieben ihn bis auf den heutigen Tag; auf der Website antijuve.com wird er immer noch in der Rubrik »Idol« aufgeführt.

Später, in seinen wechselnden Rollen als Trainer und Manager, schwankte sein Image zwischen Bundeswehr-Schleifer und verschrobenem Kauz. Nach seiner Zeit bei Schalke 04 warfen viele Blau-Weiße ihm vor, als skrupelloser Diktator aufgetreten zu sein, dem es gelungen sei, einen beträchtlichen Teil der Mitarbeiter und Funktionsträger in kürzester

Zeit gegen sich aufzubringen. Im privaten Gespräch wirkte er schon mal wie ein sanfter Ironiker, aber wahrscheinlich nur auf die, die nicht unter ihm arbeiten oder trainieren mussten.

Kaum zu toppen und von hohem Wahrheitsgehalt ist der unvergessene Spruch seines Frankfurter Spielers Jan-Aage Fjörtoft nach der Rettung vor dem Abstieg: »Ich weiß nicht, ob Magath auch die Titanic gerettet hätte, aber die Überlebenden wären topfit gewesen.«

Seit seinem Engagement bei den Bayern mit dem Doppel-Double streifte er seine Rolle als Retter aus höchster Not ab, der nach getaner Arbeit einen Fußtritt kriegt. In Wolfsburg reifte er zum erfolgreichen Mannschaftsarchitekten, der als radikaler Sanierer innerhalb von zwei Jahren den Deutschen Meister 2009 konstruierte. Höchst ungerecht wäre es, sein Wirken in der norddeutschen Tiefebene auf die VW-Millionen zu reduzieren, auch wenn sie fraglos sehr hilfreich waren.

Magath empfindet sich als Verteidiger des Fußballs vor einem überbordenden Kommerz, amerikanisierte Marketingkonzepte sind ihm zuwider, smarte Typen wie Bierhoff und Klinsmann waren immer seine natürlichen Feinde. Diese Herren würde er wohl am liebsten bis zur Brechgrenze mit Medizinbällen unterm Arm den legendären »Meisterhügel« auf dem Wolfsburger Trainingsgelände rauf und runter laufen lassen.

Mittlerweile hat Felix Magath das Rentenalter erreicht. Nach seinem Rauswurf bei Schalke im März 2011 gab er noch ein Comeback als Manager und Trainer in Wolfsburg, trainierte Fulham in der Premier League und versuchte sich in der chinesischen Liga. Neben der jungen Garde der Laptop-Trainer, die gerne mal über »flache Hierarchien« dozieren, wirkt der einstige »Quälix« wie der Vertreter einer ausgestorbenen Gattung, dessen Name in Trainer-Nachfolge-Diskussionen nur noch als schon abgenutzter Gag genannt wird.

Ulf Kirsten

Bayers Blamage in der Bayernprovinz

Am letzten Spieltag der Saison 1999/2000 sollte der Deutsche Meister Bayer Leverkusen gekürt werden; der Mannschaft von Christoph Daum reichte ein Unentschieden beim Münchner Vorortclub. Es kam anders: Leverkusen blamierte sich mit einem 0:2, vierzehn Kilometer entfernt drehten die Bayern nach einem 3:1-Sieg über Werder Bremen am Rad, die »Meistermacher« aus Unterhaching erschienen später geschlossen zur Siegesparty. Der Leverkusener Goalgetter Ulf Kirsten war am Boden zerstört:

» Dieser 20. Mai 2000 war für uns eine einzige Katastrophe. Wir hatten die Bayern an den letzten Spieltagen der Saison immer schön mit drei Punkten auf Distanz gehalten. Vor dem Unterhaching-Desaster hatten wir schon 73 Punkte gesammelt und ganze zwei Spiele verloren. In anderen Jahren hätte eine solche Bilanz locker für den Titel gereicht.

Die Schale auf dem Silbertablett serviert gekriegt und dann doch nicht danach gegriffen, alles in einer gespenstischen Zweitliga-Atmosphäre vor gut 11 000 Zuschauern. Die Unterhachinger gingen druckvoll zur Sache, sie waren extrem motiviert, aus welchen Gründen auch immer. Hinterher wurde kolportiert, Uli Hoeneß hätte größere Mengen Würstchen aus seiner Fleischfabrik spendiert. Das halte ich für albern, aber selbst wenn die Bayern eine Siegprämie ausgesetzt hätten, na und? Auch dagegen wäre nichts einzuwenden gewesen.

Viel schlimmer war, dass wir einfach keine Antwort auf den Unterhachinger Siegeswillen fanden. Dabei waren wir sehr selbstbewusst ins Spiel gegangen, vielleicht waren wir schon zu sicher, weil wir vorher so souverän aufgetreten waren. Nach zwanzig Minuten unterlief Michael Ballack das Eigentor zum 1:0 für Haching. Das hat uns noch nicht umgeworfen, das war halt ein unglückliches Ding, kann immer mal passieren. Aber je mehr die Zeit verrann, je wütender wir Unterhachings Tor bestürmten, umso sicherer hauten die Blau-Roten die Bälle hinten weg. Ich selber hatte in dem Spiel keine einzige Torchance, der Kasten war wie vernagelt. Und auf der Bank gab es kaum Alternativen. Zu Beginn der zweiten Halbzeit kam Paulo Rink als weitere Offensivkraft; für ein komplettes Spiel hätte es nach seinem gerade verheilten Muskelfaserriss nicht gereicht. Für ihn blieb Boris Živković in der Kabine.

Als Oberleitner in der 72. Minute mit dem 2:0 alles klarmachte, ging für uns die Welt unter. Bayern München hatte uns auf der Ziellinie abgefangen, punktgleich, aber mit einer um sieben Treffer besseren Tordifferenz.

Fast alle haben nach dem Schlusspfiff geheult wie die Schlosshunde. Es gibt ein Foto, auf dem ich dem dicken Calmund weinend in den Armen liege. Ehrlich, an die Szene kann ich mich nicht mehr erinnern. Wir waren allesamt total leer im Kopf, jeder war mit sich selbst beschäftigt und froh, später im Flugzeug zu sitzen. Zu Hause angekommen, haben wir uns noch kurz getroffen und sind dann in die Disco ausgeschwärmt. Bei mir dauerte die akute Phase der Frustbewältigung bis morgens um sechs. «

Vizekusen bei den Oberbayern in Unterhaching

─────────────── *Manni Breuckmann*

Um die Jahrtausendwende gab es im deutschen Fußball immer das gleiche Bild: Auf dem Rasen war ein Podest aufgebaut, auf dem Podest tanzten ausgelassene Spieler, die gerade einen Titel geholt hatten, vom Himmel regnete es glitzernde Metallic-Luftschlangen in den Farben des erfolgreichen Vereins, aus den Boxen donnerte »We are the Champions«.

Und wenn du dann den Blick etwa dreißig Meter nach rechts oder links schwenktest, sahst du Spieler von Bayer Leverkusen. Ob unter Daum oder – nach dessen »Schneesturm« – unter Toppmöller, immer das gleiche, deprimierende Bild. Und mittendrin der heulende oder die Fans tröstende Reiner Calmund.

Ganz besonders schlimm war es 2002: Vizemeister im Fernduell mit Borussia Dortmund – da mussten die Leverkusener wenigstens nicht die feiernden Borussen live sehen –, Niederlage im Pokalfinale gegen Schalke und dann auch noch die 1:2-Niederlage in Glasgow im Champions-League-Finale gegen Real Madrid. Für die Nationalspieler von Bayer Leverkusen (Ramelow, Schneider und Neuville, Ballack war gelbgesperrt) gab es dann als »Sahnehäubchen« noch die 0:2-Niederlage im WM-Finale von Yokohama.

Am allerdümmsten haben sie sich aber im Sportpark von Unterhaching angestellt. Und ich durfte als Reporter dabei sein, welche Freude! Durch wogende Kornfelder wanderte ich von der S-Bahn ins kleine Stadion und war doch etwas befremdet, dass in dieser Provinzatmosphäre der deutsche Fußballmeister ausgespielt werden sollte. Aber: Die Originalschale stand tatsächlich am Spielfeldrand. Und auf der Tribüne mitten in der Meisterkulisse von 11 300 Besuchern saßen Innenminister Otto Schily und DFB-Präsident Egidius Braun. Sie waren auf der falschen Party.

Mein Kollege Günther Koch vom Bayerischen Rundfunk feixte, heute ginge wohl ein großer Traum für mich in Erfüllung, wohl wissend, dass meine Gefühle für Bayer Leverkusen nicht besonders ausgeprägt sind. Aber irgendwie hat mich dieses tragisch-grandiose Versagen dann doch gepackt, ich fühlte am Ende eine Mischung aus Fassungslosigkeit, Mitleid und Wut über die Blödheit der Daum-Truppe. Viele weinten, auch Christoph Daum, der von seinem kleinen Sohn getröstet wurde, einige der mitgereisten 2 000 Fans diskutierten wütend mit Reiner Calmund.

Vierzehn Kilometer weiter, im Olympia-Stadion, ging derweil die Bayern-Meisterparty ab. Und ich hatte am nächsten Morgen das Vergnügen, im »Doppelpass« beim DSF dem noch beschwipsten Uli Hoeneß persönlich gratulieren zu dürfen. Hoeneß kam beschwingt mit der Meisterschale unter dem Arm, mit derselben Trophäe, die noch achtzehn Stunden zuvor der nutzloseste und überflüssigste Gegenstand im Sportpark zu Unterhaching gewesen war.

Hermann Gerland

Mehr geht nicht – das Bayern-Triple 2013

Nicht jeder Trainer möchte Chef sein. Dem Bochumer Hermann Gerland bereitete das – im Wortsinne – Bauchschmerzen. Also feierte er als Co-Trainer die großen Triumphe. 2013 holte er an der Seite von Jupp Heynckes mit Bayern München das Triple. Mehr Erfolg geht als Vereinstrainer nicht. Hansi Flick wiederholte als Trainer in der Corona-Saison 2019/20 das Kunststück. Auch da war Hermann Gerland mit an Bord. Der »Tiger« erinnert sich an die »Erstauflage« 2013:

»Dieses Triple 2013 war für uns alle wirklich das Allergrößte. Da geht doch im europäischen Vereinsfußball nichts drüber. Diese Erfolge waren aber nur deshalb möglich, weil wir in der Saison das aus uns herausgeholt haben, was drinsteckte. Und weil wir von größerem Verletzungspech verschont blieben. Schon die Meisterschaft war ja eine Demonstration der Stärke von Neuer, Lahm, Dante, Müller, Schweinsteiger, Ribéry, Robben und Co. Die Ergebnisse waren teilweise unglaublich: 9:2 gegen den HSV, jeweils 6:1 gegen Stuttgart, Bremen und Hannover, 5:0 gegen Düsseldorf und noch mal Hannover 96. In dem Jahr haben wir nur einmal verloren, gegen Leverkusen, und viermal unentschieden gespielt, der Rest waren lauter Siege. Kein Wunder, dass wir schon am 28. Spieltag durch waren. Keine Rolle hat bei diesem Triumphmarsch gespielt, dass wir im Vorjahr dreimal Vize geworden sein, inklusive einer deprimierenden 2:5-Klatsche gegen Dortmund im Pokalfinale. Was mich aber bis heute ärgert, ist die Niederlage im

Champions-League-Finale 2012 in München gegen Chelsea. Wir wollten gerade zu Hause nach elf Jahren mal wieder Champions-League-Sieger werden, waren drückend überlegen und mussten uns dann den Engländern im Elfmeterschießen beugen. Wenn es eine Gerechtigkeit im Fußball geben würde, hätten wir dieses Ding gewonnen.

Aber noch mal: Der Ärger über diese suboptimale Saison 2011/12 war nicht die Grundlage für das Triple. 2013 passte einfach alles. Und Jupp Heynckes war der ideale Trainer für diese Truppe. Der Teamgeist stimmte sowieso, was für ein solches Star-Ensemble ja nicht immer selbstverständlich ist. Und der Josef, wie ich ihn oft nenne, hat mit seiner Detailversessenheit die Basis für die Riesenerfolge gelegt. Er ist auch ein Weltmeister der Kommunikation und besitzt die seltene Fähigkeit, jedem im Team und im gesamten Stab das Gefühl zu geben, wichtig und unersetzlich zu sein. Jedem Physio, jedem Arzt, jedem Koch. Und nicht alle Gespräche waren einfach, wenn Arjen Robben mal nicht spielen durfte zum Beispiel.

Jupp Heynckes hat mich ja 1990 nach München geholt, und ich muss sagen, er hat permanent dazugelernt und ist im Laufe der Jahre auch wesentlich souveräner geworden. Ganz früher hatte er ja eine gewisse Verkniffenheit. Ich hab' das bei der Party nach dem Champions-League-Sieg gegen Dortmund angesprochen, als ich ihn aufgefordert habe, locker zu sein, und habe hinzugefügt: ›Irgendwann kommt der Sensemann, du kommst in den Himmel, ich in die Hölle, aber heute müssen wir unbedingt die Sau rauslassen.‹

Schon nach dem Halbfinale gegen Barcelona, als wir die Katalanen in zwei Spielen insgesamt 7:0 weggehauen haben, hatte ich den Auftrag von der Mannschaft, ihn spätabends zum Feiern aus dem Hotelbett zu holen. Aber da sagte er mir: ›Ich bin kaputt, Hermann, ich muss schlafen.‹ Aber nach dem Finale gab's keine Ausreden mehr.

Ich habe zu Jupp sowieso ein ganz besonderes, vertrauliches Verhältnis. Wir frotzeln uns auch gerne gegenseitig an. Als Abwehrspieler beim VfL Bochum war ich ja kein Kind von Traurigkeit. Der Schiri Ahlenfelder aus Oberhausen hat mal gesagt: ›Der Hermann, der tritt nicht nur auf alles, was sich bewegt, der tritt auch gegen Bahnschwellen.‹ Deshalb hab ich später bei den Bayern jedes Mal, wenn Heynckes in kurzen Hosen rumlief und man die Narben seiner Knieoperationen sehen konnte, charmant darauf hingewiesen, dass das Souvenirs von mir wären. Aber, ganz ehrlich, ich war schon unerbittlich als Verteidiger, aber nie bösartig und unfair.

Das Champions-League-Finale gegen Dortmund im Wembley-Stadion gewannen wir durch das Tor von Arjen Robben zwei Minuten vor Schluss mit 2:1. Die Dortmunder waren ein wesentlich stärkerer Gegner als Chelsea 2012, aber wir hatten eben das nötige Glück, sie kurz vor Schluss zu besiegen. Zum Triple fehlte dann noch der Pokalsieg. Den holten wir uns eine Woche später gegen den VfB Stuttgart. Das Endergebnis von 3:2 sieht eng aus, aber wir führten ja schon souverän mit 3:0 und haben am Ende etwas die Zügel schleifen lassen.

So bin ich also als Bochumer Junge mit den Bayern durch die großen Stadien gezogen und war bei legendären internationalen Spielen dabei. Ich bin ja ein Bergarbeiterkind und komme aus kleinen Verhältnissen. Ich weiß noch, wie ich im Fernsehen 1960 die erste Europapokal-Finalteilnahme eines deutschen Vereins gesehen habe. Eintracht Frankfurt verlor gegen das große Real Madrid mit 3:7. Und dann habe ich mir den Traum erfüllen können, mit dem besten deutschen Verein unmittelbar dabei zu sein. Ich bin und bleibe einer aus dem Ruhrpott und freue mich, dass ich jetzt wieder mit Leon Goretzka einen ›Gleichgesinnten‹ in der Mannschaft habe.

Ich habe in München mit zwei Dingen gepunktet: Erstens habe ich schon immer ein Auge für Talente gehabt. Das hat sich für die Bayern ausgezahlt, man kann sie gar nicht alle nennen, Müller, Schweinsteiger, Lahm, Alaba und und und. Und zweitens hab ich von Anfang an immer gesagt, was ich gedacht habe, immer geradeaus. Das gab manchmal Ärger, auch mit Uli Hoeneß, aber am Ende haben mir die Erfolge bei meinen Einschätzungen Recht gegeben. Ich habe jetzt noch einen Vertrag bis Mitte 2023. Ich möchte ja gerne wieder zurück nach Bochum, aber meine Frau sieht das anders – mal gucken, wer sich durchsetzt, es bleibt spannend. «

Hermann Gerland – ein Ur-Westfale bei den Bayern

—————————————— *Mannis Kommentar*

Ich weiß noch, wie im Ruhrgebiet ein Geraune anhob, als Hermann Gerland 1990 als Trainer der zweiten Mannschaft zu den Bayern ging. »Wat will der Hermann bei dem Schickimicki-Club?«, regten sich alle auf. Und dokumentierten damit, dass sie die DNA der Bayern nicht in Gänze verstanden hatten. Selbstverständlich ist der »Branchenführer« eine Mischung aus Weltclub, Erfolgsfans, Schicki, CSU und elitärer Arroganz. Aber es kommt eben noch ein Schüppchen Bodenständigkeit obendrauf. Die zwar manchmal durch die Millionenberge verschüttet scheint, dann aber immer wieder durchschimmert. Verkörpert auch durch manches, was der ansonsten durchaus kritikwürdige Uli Hoeneß dem Erscheinungsbild der Bayern hinzugefügt hat. Deshalb überrascht keineswegs, dass es Hoeneß war, der den Ur-Bochumer Gerland nach München geholt hat. Das hat er aber ganz bestimmt nicht in erster Linie deshalb getan, weil der Hermann so ein geerdeter Typ ist. Wichtigstes Kriterium dürfte eine Eigenschaft Gerlands gewesen sein, die sich damals schon in der Branche herumgesprochen hatte: Hermann Gerland hat ein nahezu unglaubliches Auge für Nachwuchsspieler, und er ist in der Lage, die jungen Spieler optimal zu fördern und ihre Fähigkeiten zu verbessern. Neuerdings fällt ihm auf, was für ein »wahnsinniger Linksfuß« sein Enkelkind Paul (geboren 2016) ist. Da geht's aber garantiert noch nicht um eine Karriere im Profifußball.

Gerlands Blick für Details beweist die Geschichte, wie er einmal gemeinsam mit seiner Frau Fernsehen schaute und diese beiläufig fragte: »Ist dir bei Kai Pflaume was aufgefallen?« Frau Gerland war nichts aufgefallen. »Dem fehlt die Fingerkuppe am rechten Zeigefinger.« Der Hermann sieht so was. Dieser präzise Blick hat den Bayern-Bossen gefallen. Aber sie mochten ihn auch als Typen.

Gerland stammt aus einer Bergarbeiterfamilie mit vier Kindern, in der der Vater schon früh mit 39 Jahren nach einem Herzinfarkt starb. Hermann war damals neun, sein jüngster Bruder zwei Jahre alt. In Gerlands Leben ging es danach viel ums Kämpfen und Sich-Durchschlagen. Mit brennendem Ehrgeiz verfolgte er den Plan, Profifußballer zu werden. Vieles auf dem steinigen Weg nach oben spielte sich damals auf den roten Ascheplätzen im Ruhrrevier ab. Was unter anderem nach manchen Spielen dazu führte, dass seine Oma in der Badewanne mit der Nagelbürste die hartnäckige Asche abschrubben musste, die sich unter der Haut festgesetzt hatte. Ein Aufsteiger aus dem Revier, eine ehrliche Haut, die mit ihrer Meinung nicht hinter dem Berge hält, einer, der die alten Tugenden wie Höflichkeit und Ordnung pflegt – aus solchem Holz sind Menschen geschnitzt, die Uli Hoeneß besonders schätzt. Immer vorausgesetzt, sie bringen überragende fachliche Qualitäten mit, und daran gab es nie Zweifel bei Hermann Gerland. Zwar nicht als Cheftrainer; bei den Führungsjobs in Bochum, Nürnberg und Bielefeld handelte er sich Magenprobleme und schlaflose Nächte ein. Aber immerhin: Mit dem VfL Bochum erreichte er 1988 das Pokalfinale. Seine wahre Bestimmung fand er erst bei den Bayern: in der zweiten Reihe mit starkem Bezug zum Nachwuchs, seit 2017 auch als Leiter des piekfeinen, 70 Millionen Euro teuren Nachwuchsleistungszentrums.

Zurückhaltend reagiert Hermann Gerland auf die Frage, ob München denn in all den Jahren nicht sowas wie seine Heimat geworden ist. »Es fehlt mir hier an nichts«, lautet dann seine Standardantwort, »aber meine Heimat ist Bochum. München ist mein jetziges Zuhause.« Wahrscheinlich käme eine solche Aussage auch von vielen eingeschworenen Kölnern, Leipzigern oder Hamburgern. Es kann aber auch sein, dass die Bindung zum Ruhrgebiet und seinen Menschen für den gebürtigen »Ruhri« noch eine Ecke ausgeprägter ist als in anderen Gegenden. Das mag mit dem großen Zusammenhalt der Kumpels zusammenhängen, der im Bergbau sogar lebenserhaltend war und der sich über die Generationen fortgesetzt hat. Vielleicht hat auch der Niedergang von Kohle und Stahl die Menschen zwischen Rhein und Ruhr enger zusammenrücken lassen. Vielleicht ist das alles aber auch nur ein übertrieben sentimentaler Zugang zum Thema Heimat. Fest steht allerdings, dass die Menschen im Ruhrrevier eine besondere Chemie verbindet: beide Füße auf dem Boden, die Direktheit in der Ansprache, eine gewisse Schlitzohrigkeit, keine Vertrauensseligkeit »aus dem Stand« und die Abneigung gegen alles Falsche und Aufgesetzte. Ausnahmen und Arschlöcher gibt es selbstverständlich auch hier.

Den Ruhrgebietler zieht es immer wieder nach Hause. Hermann Gerland verbrachte bei einem weihnachtlichen Besuch in der Heimat drei Stunden in einer Metzgerei, um dem herzlichen und vertraulichen Umgang miteinander und mit dem 75 Jahre alten Seniorchef zuzuschauen. Und beinahe hätte er es geschafft, seine Frau kurz vor der Entbindung einer der drei Töchter von Nürnberg nach Bochum zu chauffieren, damit später der »richtige« Geburtsort im Ausweis steht. Vielleicht findet der Bochumer ja irgendwann wieder auf Dauer nach Hause. Dort befindet sich ja auch der Bauernhof mit Pferdezucht, mit dem sich Hermann Gerland einen Herzenswunsch erfüllt hat. Leider sterben die Kumpels von früher allmählich weg, und das ist nun mal der wesentliche Kitt, der den Westfalen im Dienste der Bayern mit Bochum verbindet.

Heiko Herrlich
Der herrliche Halsbiss des Titanen

In der Saison 1998/1999 standen sich am 3. April 1999
Dortmund und Bayern München gegenüber. Die Stimmung
war aufgeheizt, das sprang auch auf Oliver Kahn über – er
knabberte dem Dortmunder Angreifer Heiko Herrlich am Hals.
Herrlich schaut zurück:

» Es war ein besonderes Spiel, es ging für uns um die Champions-League-Qualifikation, für Bayern um die Meisterschaft. Für eine weitere Motivation bei mir sorgte Olli Kahns Rekord: Er war schon gut 700 Minuten ohne Gegentor, und ich wollte unbedingt der Erste sein, der ihm einen reinmacht.

Die Stimmung war aufgeheizt, Olli ist aus der Fankurve heraus heftig provoziert worden. Ich wollte ihn zusätzlich aus der Fassung bringen, um ihn zu einem Fehler zu zwingen. Bei hohen Flanken bin ich ihm also auf die Pelle gerückt – Mitspieler hatten mir gesagt, dass Olli da vielleicht die Nerven verliere. So habe ich es also gemacht, ich touchierte ihn nach einem abgefangenen Ball. Und er sprang tatsächlich darauf an, kam auf mich zu und zog mich zu sich. Ich dachte mir ›Jetzt hat er angebissen‹ und merkte, dass mein Plan aufging. Innerlich habe ich mich gefreut, weil ich wusste: Jetzt zeigt er Schwäche, ich habe mein Ziel erreicht. Nach außen blieb ich jedoch gelassen.

Dass er mich dann tatsächlich anknabbert, damit konnte ich allerdings nicht rechnen. Ich habe mir die Nase zugehalten, als hätte er eine Fahne – die hatte er natürlich nicht, aber ich wollte ihn weiter reizen. Früher hätte ich wohl selbst die Fassung verloren, aber auf diese Situation war ich ja vorbereitet. Fünf Minuten später machte ich nach einer Flanke von Lars Ricken dann tatsächlich das 1:0, bald darauf auch noch das 2:0. Es lief perfekt.

Ich habe großen Respekt vor Olli Kahn, seinem Siegeswillen und seiner Motivation. Im Prinzip war seine Reaktion ›normal‹, er wollte damit nur seine Mannschaft wachrütteln, auch mit seinem Kung-Fu-Sprung gegen Chapuisat kurz darauf. Nach dem Halsbiss ging es ganz normal weiter, er wurde auch nicht verwarnt. Und wachgerüttelt hat er seine Jungs auch: Wir haben nämlich noch zwei Tore kassiert, am Ende stand es 2:2.

Zehn Tage später haben wir uns in der Praxis von Dr. Müller-Wohlfahrt getroffen. Er wurde auf einer Liege behandelt, als ich reinkam, und sagte nur: ›Ohje, du hast mir gerade noch gefehlt.‹ Wir haben dann ganz locker geplaudert, allerdings nicht über das Spiel. Wir wussten beide, dass so etwas zu einem emotionalen Duell dazugehört, auch wenn es sicher grenzwertig von uns beiden war. Die Szene kennt mittlerweile fast jeder – aber nicht wegen mir, sondern wegen Oliver Kahn. Er war ein Weltklassemann und hat mal einen kleinen Fehler gemacht. Ja und? **«**

Oliver Kahn – ein Fußballleben mit zwei Halbzeiten

—————————————— *Mannis Kommentar*

Ganz ehrlich: Der Torwart Oliver Kahn hat mich auf und neben dem Platz viel zu oft aggressiv gestimmt. Der Vorfall mit Heiko Herrlich ist ja nur einer von vielen: der Kung-Fu-Sprung gegen den Schweizer im BVB-Dress Stéphane Chapuisat, die Würgeattacke gegen den Leverkusener Thomas Brdarić, der wilde Sprung in den Rostocker Strafraum, um dann in der Luft den Ball mit der Hand ins gegnerische Tor zu dreschen. Um es mit Kahns eigenen Worten zu sagen: immer weiter, immer weiter.

Er flackerte ständig auf, der unbändige, brachiale Drang, Hindernisse auf dem Weg zum Erfolg kompromisslos aus dem Weg zu räumen. Hart gegen andere und sich selbst. Wer seine Umwelt so mit seiner Egozentrik terrorisiert, darf sich nicht wundern, wenn die Mitmenschen mit Zuwendung sparsam umgehen. Es ist kein Geheimnis, dass Kahn in der Mannschaft des FC Bayern isoliert war.

Champions-League-Finale 1999: Die Bayern verloren tragisch gegen Manchester – ich kenne viele, die nicht die Spur von Mitleid gehabt haben; nicht nur, weil es die verhassten Bayern waren, die da untergingen, sondern auch, weil dieser Unsympath Kahn im Tor stand. Mir ging es ebenfalls so. Auch die unwürdige Ausbootung des Bayern-Torwarts vor der WM 2006 zugunsten von Jens Lehmann hat bei mir keine positiven Gefühle für Kahn ausgelöst.

Die sportlichen Leistungen des »Titans« habe ich immer bewundert: Wie er bei der WM in Japan und Südkorea 2002 die deutsche Mannschaft fast im Alleingang ins Finale führte, das war einfach Weltklasse. Aber im Endspiel, da patzte er gegen Ronaldo, und ich muss zugeben, auch da zerfloss ich nicht vor Mitleid.

Wie oft musste ich mit ansehen, wie er bei TV- oder Radioi-Interviews arrogant in den Himmel starrte, wahrscheinlich weil beim Blick in die Augen des ignoranten Journalisten-Würstchens mit seinen frechen Fragen Brechreizgefahr bestanden hätte.

Am meisten hat mich jedoch erschreckt, wenn dieser Oliver Kahn – als Gesamtpaket, wohlgemerkt – von vielen als vorbildlicher Sportler gesehen wurde. Inklusive seiner Verbissenheit und sozialen Inkompetenz. Besser konnte der gesellschaftliche Irrweg der rücksichtslosen Ellbogengesellschaft nicht dokumentiert werden.

Nach dem Karriereende 2008 zeigte sich plötzlich ein anderer Kahn: zurückhaltend, nachdenklich, manchmal sogar lächelnd und humorvoll. Es fing ja schon 2006 an, als er seinem Konkurrenten Lehmann vor dem Elfmeterschießen gegen Argentinien fast zärtlich Mut machte. Ich traf Oliver Kahn vor ein paar Jahren als Talkgast bei einer Firmenveranstaltung. Und ich muss sagen, er hat mich mit seiner kompetenten und gleichzeitig witzigen Art beeindruckt. Auch als TV-Experte machte er keine schlechte Figur. Dann nervte er auch mal wieder: bei den in der Art der chinesischen Wasserfolter unerträglich oft gestreuten Werbespots für eine Internet-Zockerbude.

Wenn alles wie geplant läuft, wird er bald an der operativen Spitze des FC Bayern München stehen. Dieses Ereignis wird bei mir persönlich keine bislang unentdeckte Liebe für den sogenannten Branchenführer ausbrechen lassen. Aber ich bin fest davon überzeugt, dass Oliver Kahn den Job blendend ausfüllen wird.

Jogi Löw
»Gol da Alemanha!«

*Die Krönung der Trainerlaufbahn von Joachim Löw fand am
13. Juli 2014 im Maracanã-Stadion in Rio statt. Deutschland
schlug Argentinien mit 1:0 und wurde Weltmeister. Der
spektakulärste Auftritt der deutschen Mannschaft ereignete
sich jedoch ein paar Tage vorher: Der WM-Gastgeber Brasilien
wurde mit 7:1 förmlich vernichtet. Eines der wahnwitzigsten
Spiele aller Weltmeisterschaften. Jogi Löw kann sich noch an
jede Minute erinnern:*

» Der Sieg im WM-Finale über Argentinien war natürlich das
Allergrößte, weil wir damit Weltmeister geworden sind. Aber
vom Spielverlauf und vom Ergebnis her war das 7:1 im Halbfinale gegen den Gastgeber Brasilien das spektakulärste Spiel
meiner Trainerkarriere. Natürlich hätte es auch schiefgehen
können, aber wir hatten Brasilien schon seit dem Confed-Cup
ein Jahr zuvor sehr intensiv beobachtet und waren sicher, ihre
Schwachstellen genau zu kennen.

Zwei Tage vor dem Spiel habe ich mit unserem Spielbeob-
achter und Analytiker Urs Siegenthaler einen Strandspazier-
gang gemacht, und da hat Urs mir das Rezept erläutert, mit
dem Brasilien zu knacken war. Sie spielten seit geraumer Zeit
sehr ›unbrasilianisch‹, sehr destruktiv und mit vielen Fouls.
Dieses Zerstörerische funktionierte im Mittelfeld nicht
schlecht, aber hinten war diese Mannschaft sehr anfällig, vor
allem, wenn der Gegner über die Halbpositionen kam. Trotzdem waren die Brasilianer nach außen hin wahnsinnig von

ihrem Erfolg überzeugt. Luis Felipe Scolari, ihr Trainer, sagte zum Beispiel: ›Ganz klar, wir fahren zum Finale ins Maracanã. Und das wissen auch die Deutschen.‹ Ich glaube, sie wollten auf diese Weise den massiven Druck kompensieren, der bei der WM im eigenen Land auf ihnen lastete.

Aber siehe da, im Halbfinale von Belo Horizonte hatten wir sofort die prognostizierten Räume in der Vorwärtsbewegung. Auch deswegen, weil der Gegner zu Beginn offensiv auf ein schnelles Tor spielte. Thomas Müller gelang unser frühes 1:0 in der elften Minute, und nach gut zwanzig Minuten brachen bei den Brasilianern sämtliche Abwehrdämme. Vier Tore für uns in sieben Minuten – Klose, zweimal Kroos und Khedira –, nach einer knappen halben Stunde eine unbegreifliche 5:0-Führung! Ich guckte in die Gesichter der Brasilianer und merkte: Sie hatten das noch gar nicht begriffen, was da abging. Ich war auch ziemlich fassungslos und ging ein paar Schritte zu Hansi Flick und hab ihn gefragt: ›Ist das real, was wir hier sehen?‹ Er grinste nur und hatte es wahrscheinlich selber noch nicht richtig verstanden.

Als die Halbzeit kam, wusste ich, du kannst jetzt keine normale Halbzeitansprache halten. Ich musste plötzlich an unser 4:4 gegen Schweden 2012 denken, als wir eine vermeintlich komfortable 4:0-Führung aus der Hand gegeben hatten. ›Wenn Brasilien jetzt zurückkommt und vielleicht ein, zwei Tore schießt, dann brennt hier das Stadion‹, sagte ich den Jungs und forderte sie auf, dieses Spiel seriös und mit vollem Engagement zu Ende zu bringen. Ich ermahnte meine Spieler, nicht der Versuchung zu erliegen, die Brasilianer vorzuführen oder für die Galerie zu spielen. ›Wer das versucht, kriegt ein Problem mit mir und wird mit Sicherheit nicht im Finale spielen.‹

Als es dann geschafft war, habe ich mich über die Reaktionen meiner Spieler gefreut. Denn da war keine ausgelassene Freude, keiner tanzte wie wild in der Kabine. Auch am Abend

Thomas Müller erzielt das 1:0 beim spektakulären 7:1-Sieg gegen Brasilien.

in unserem Mannschaftsquartier Campo Bahia spürte ich keine Überschwänglichkeit, sondern viel Ruhe und Ausgeglichenheit. Für viele, etwa für Schweinsteiger, Lahm, Klose und Mertesacker, war es die allerletzte Chance, diesen großen WM-Titel zu erringen. Sie wussten, dass selbst ein glanzvolles und sensationelles Halbfinale gegen die Gastgeber nur eine Zwischenetappe zum endgültigen Erfolg war. Bei einer Niederlage gegen Argentinien wäre das 7:1 gegen Brasilien letztlich Makulatur gewesen. Entsprechend haben die Jungs sich verhalten, und das hielt ich für einen schönen Ausdruck von Reife.

Brasilien lag nach dem Desaster am Boden. Ich muss gestehen, ich selbst hatte fast eine Gänsehaut vor Mitleid. Und dann habe ich zusammen mit der Mannschaft erlebt, dass Tausende von Brasilianern uns bei unseren Busfahrten zum Flughafen und später zum Mannschaftsquartier frenetisch zugejubelt haben. Keinerlei Aggressionen. Sie klatschten und winkten und vergaßen für den Moment die sportliche Schmach, die wir Deutschen der Seleção angetan hatten. Das hat mich sehr beeindruckt. «

»Das größte Massaker in der Historie der Seleção«

———————————————— *Mannis Kommentar*

Als Deutschland 2018 in der WM-Vorrunde gegen Südkorea ausschied, waren alle Medien voller trauriger, sarkastischer oder gehässiger Kommentare. Aber kaum jemand bekam fundamentale Anwandlungen, verzweifelte am Sinn jeglicher Existenz oder wünschte dem Bundestrainer den Tod. Selbst im Internetzeitalter mit seinen verschärften emotionalen Ausschlägen blieb alles noch einigermaßen auf dem Teppich, niemand beschwor das Ende Deutschlands.

Welche Zustände eintreten, wenn im fußballverrückten Brasilien die Nationalmannschaft von einem ähnlich harten Desaster getroffen wird, kann sich der gemäßigte Durchschnittsdeutsche kaum vorstellen. Nun waren die Umstände des 1:7 gegen Deutschland bei der WM im eigenen Land durchaus gravierender. Und für viele Brasilianer sah das Drehbuch dieser Weltmeisterschaft nichts anderes als den Titel für die »Seleção« vor. Also »beste« Voraussetzungen für eine tiefe Demoralisierung.

Was aber dann nach der schlimmen Niederlage losbrach, sprengte tatsächlich alle Dimensionen. Als Erstes gab es eine neue Nummer Eins in der Hitparade der größten anzunehmenden Fußballschmach. Bis 2014 belegte die 1:2-Niederlage gegen Uruguay bei der ersten Heim-WM 1950 die unangefochtene Spitzenposition. Da war das 1:7 in Sachen Schande und Herzeleid auf Anhieb bedeutsamer. Zumal die brasilianischen Fans auch noch davon ausgehen mussten, dass die

Deutschen sich nach dem 5:0-Halbzeitstand entschlossen hatten, Gnade walten zu lassen. Eine noch größere Erniedrigung! Das Land weinte, regte sich auf, prügelte oder randalierte – je nach Temperament und krimineller Energie. Einen Ort gab es allerdings, an dem deutlich wahrnehmbare Freude herrschte. Das war die 300 000-Einwohner-Stadt Blumenau im Süden des Landes. In Blumenau hat jeder dritter Einwohner deutsche Wurzeln, die Siedlung wurde 1850 von Deutschen gegründet. In den dortigen Kneipen dominierten schwarz-weiße Nationaltrikots und Jubelschreie bei jedem deutschen Tor. Wie schön, wenn sich demnächst wahlweise wieder auf Gelb-Grün zurückgreifen lässt!

Jenseits von Blumenau suchten sie nach sprachlichen Negativ-Superlativen, um die Dimensionen des Ereignisses angemessen zu beschreiben. »Historische Erniedrigung«, »größtes Massaker in der Historie der Seleção«, »beschämende Leistung« – da fühlen sich unsensible Geister schnell herausgefordert, noch eins draufzusetzen: Der technische Direktor des brasilianischen Fußballverbandes zog Parallelen zwischen der Niederlage und den Terroranschlägen vom 11. September 2001 und verglich das 1:7 ernsthaft mit dem Fall der Zwillingstürme des World Trade Center. Wie schön, dass die damalige Staatspräsidentin Dilma Rousseff immerhin ihrer Hoffnung Ausdruck verlieh, das Land werde sich von der »extrem schmerzhaften Situation« erholen. Das ist zweifellos gelungen. Obwohl die Wahl des rechtsextremen Staatspräsidenten Bolsonaro im Herbst 2018 wohl kaum als Teil eines gesellschaftlichen Erholungsprozesses gewertet werden kann.

Selbstverständlich wurden 2014 Trainer Scolari und sein kompletter Stab rausgeworfen, nachdem er seine Landsleute noch wortreich um Vergebung gebeten hatte. Die größten Schmähungen auf dem Platz musste sich der etwas unbeholfen wirkende Stürmer Fred gefallen lassen. Klar, dass auch